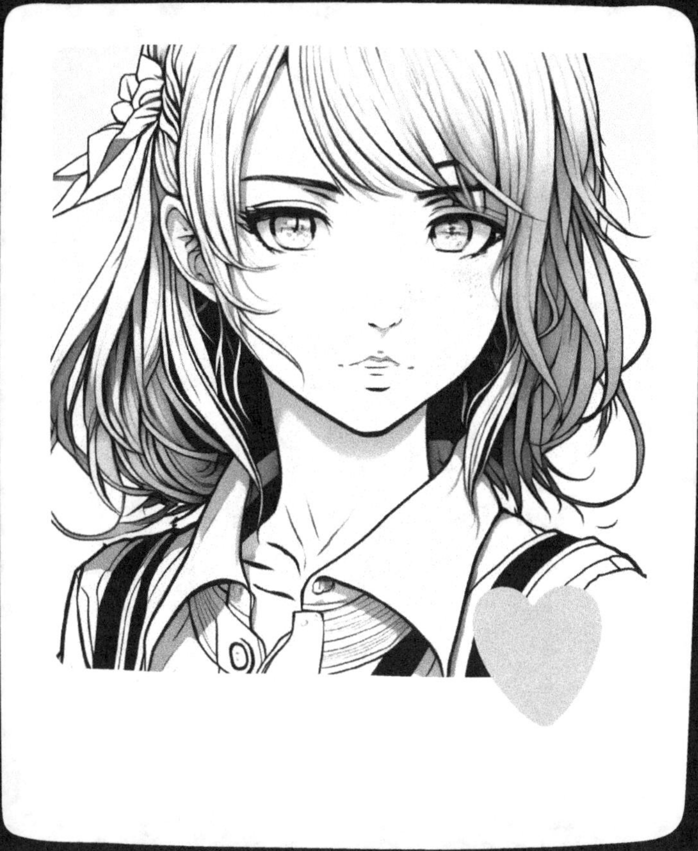

塗り絵 NUITS D'OSAKA

CAPI CAMP ESTUDIOS

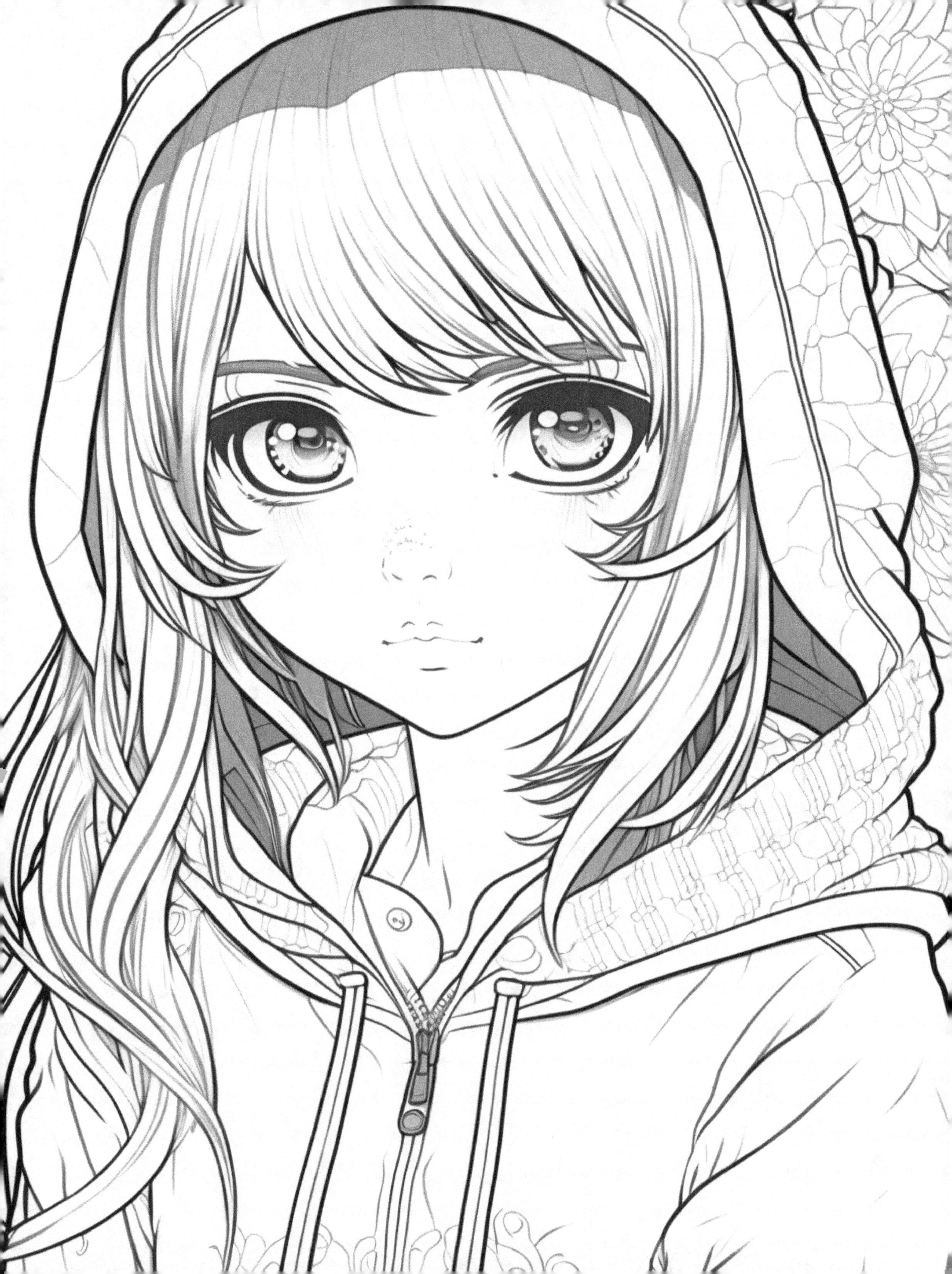

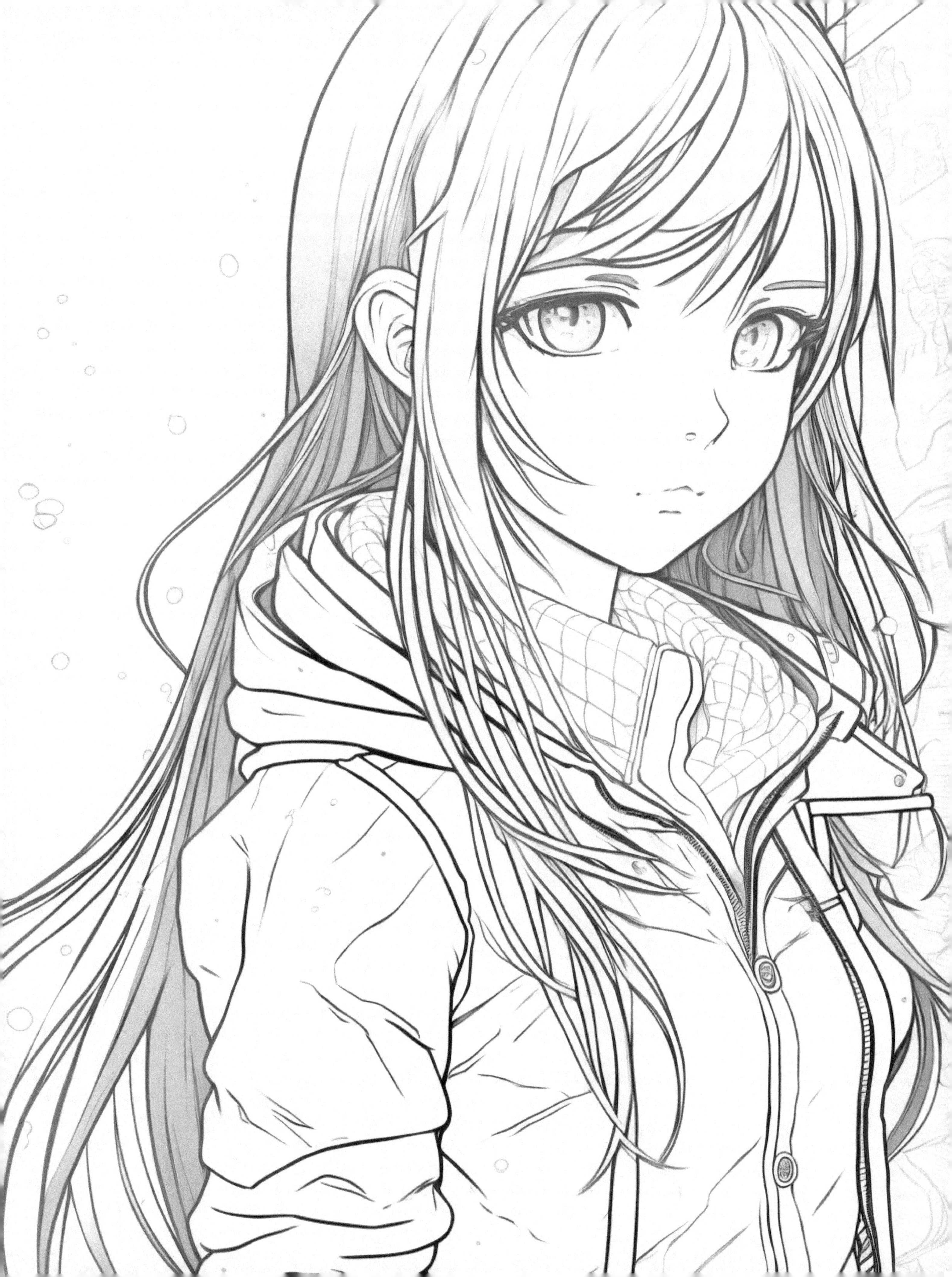

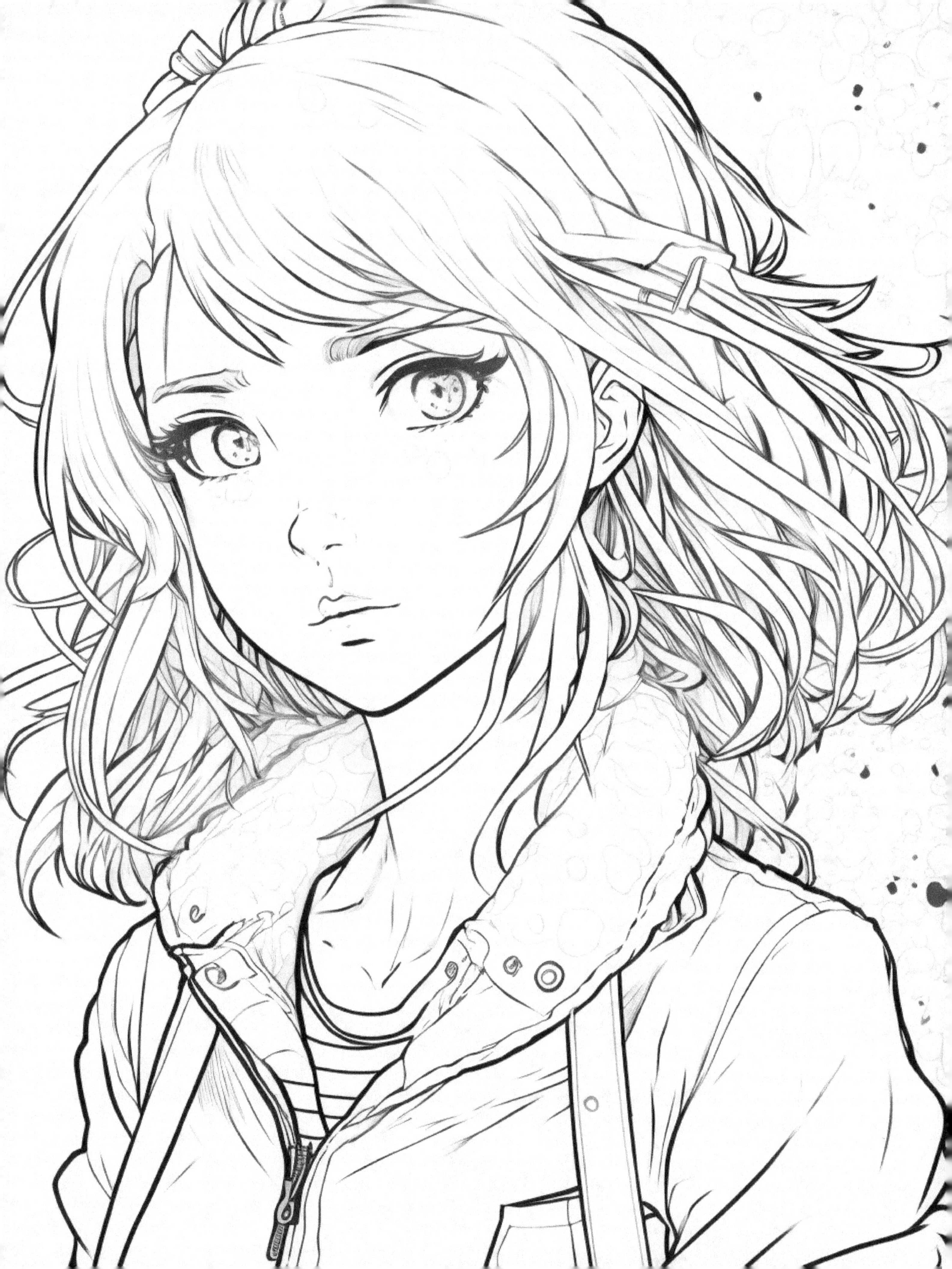

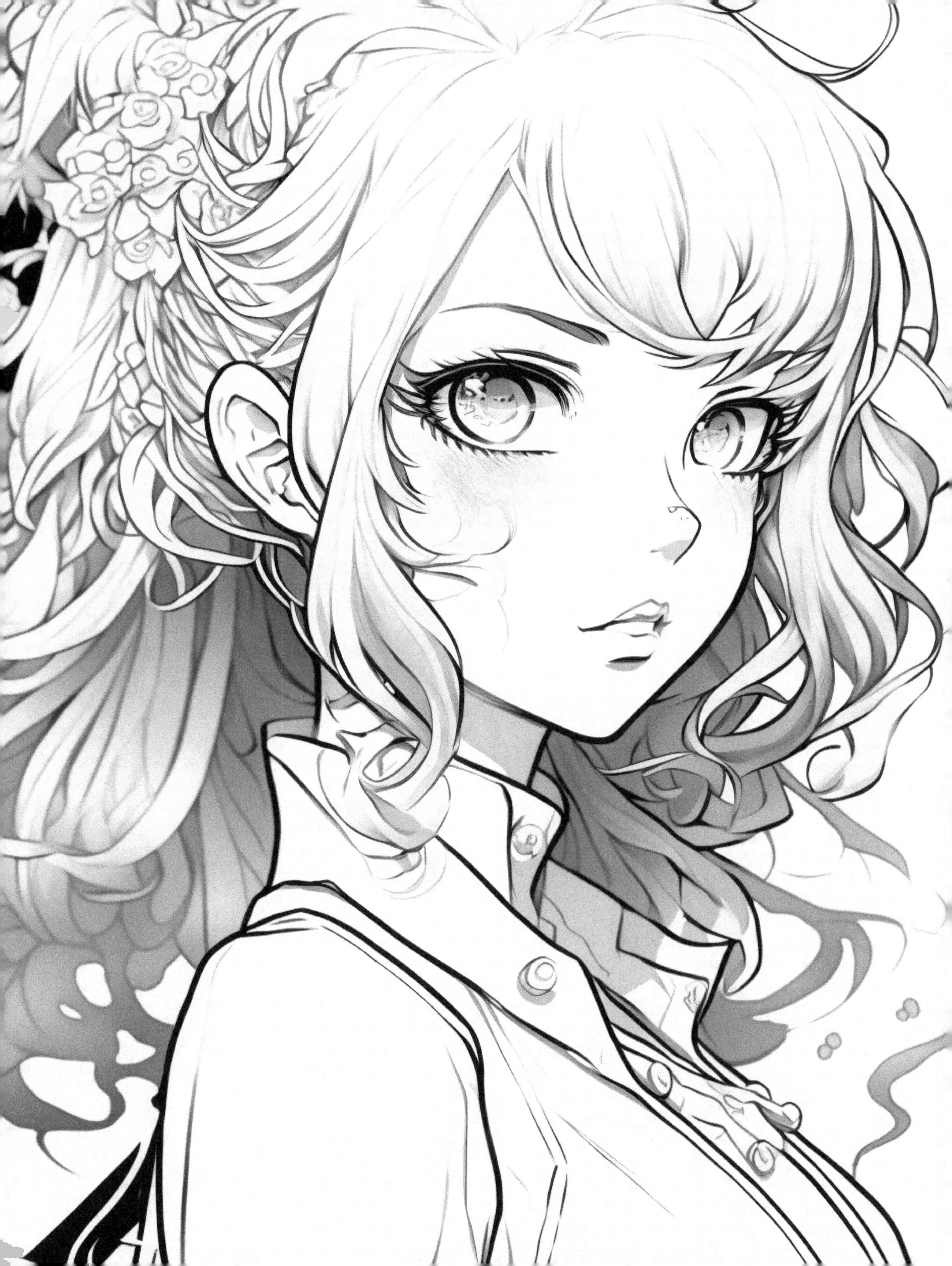

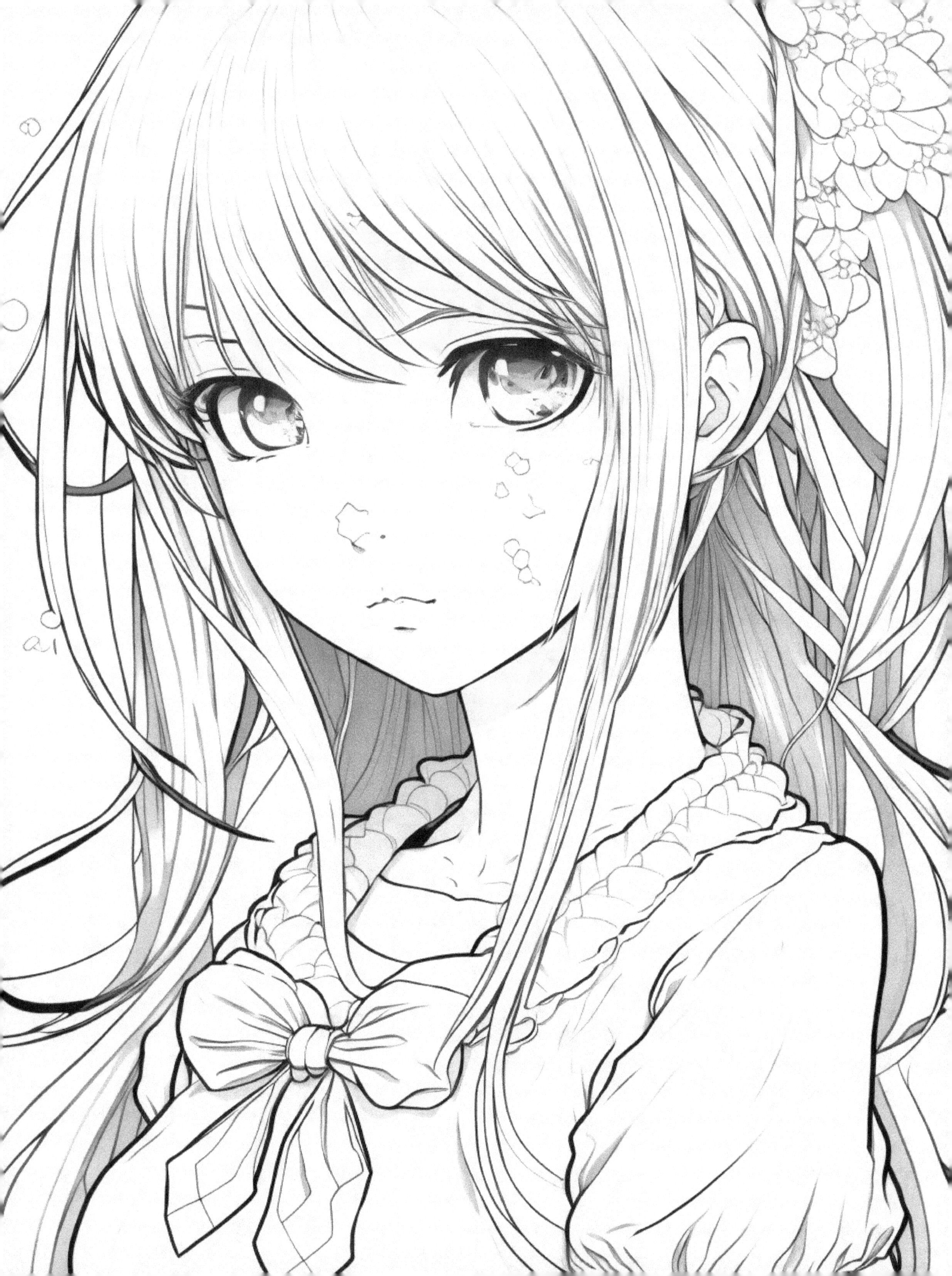

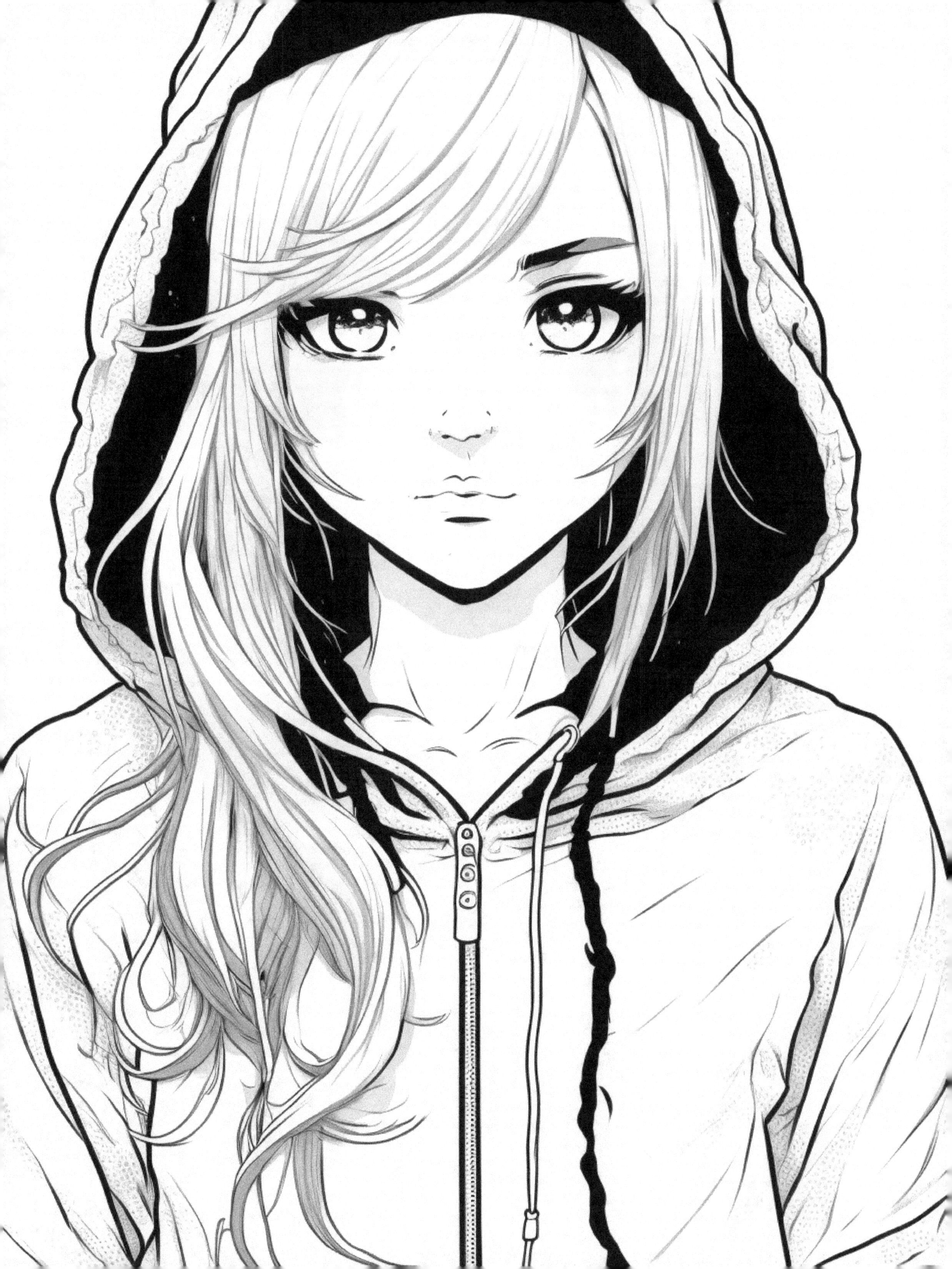

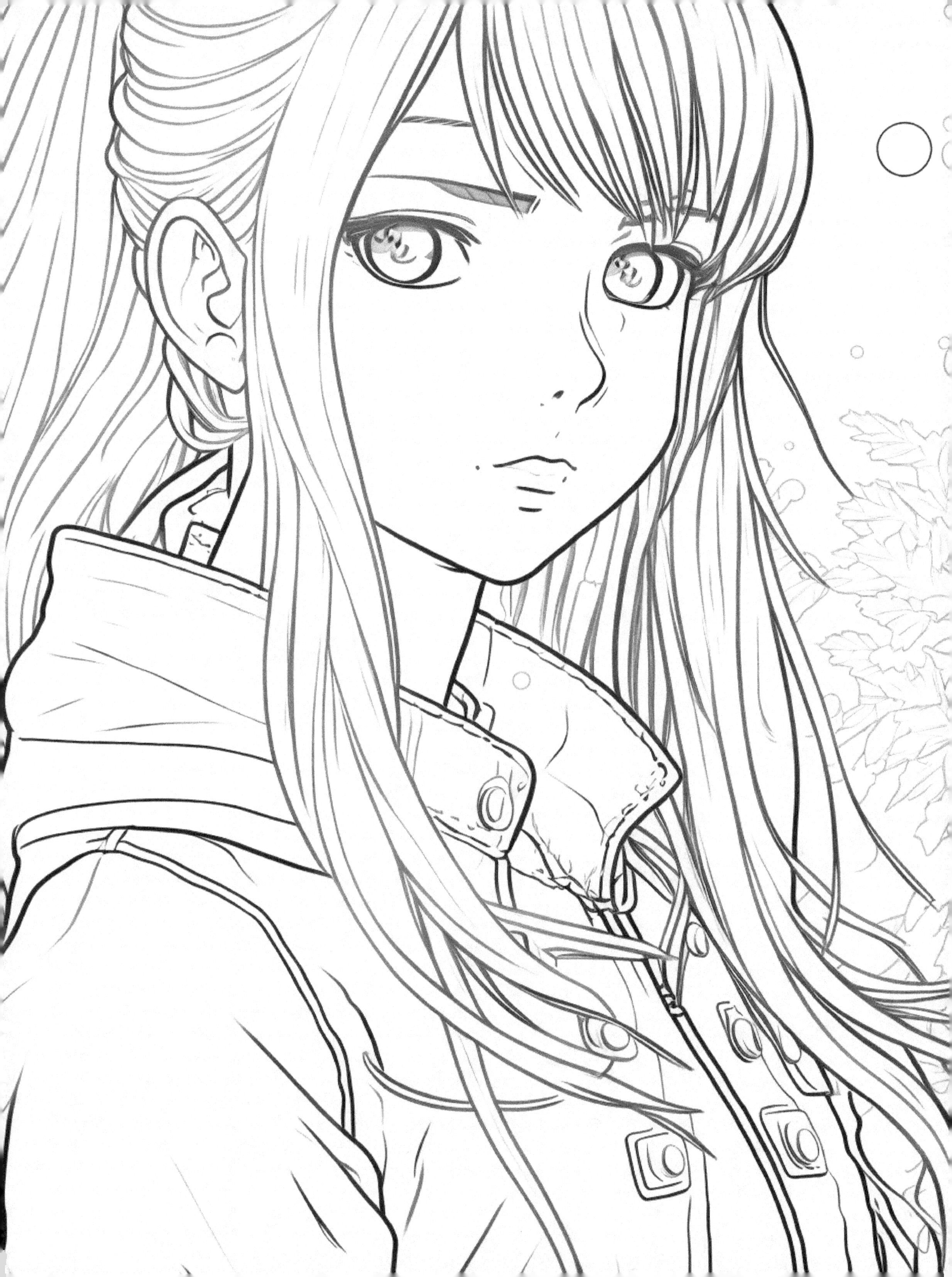

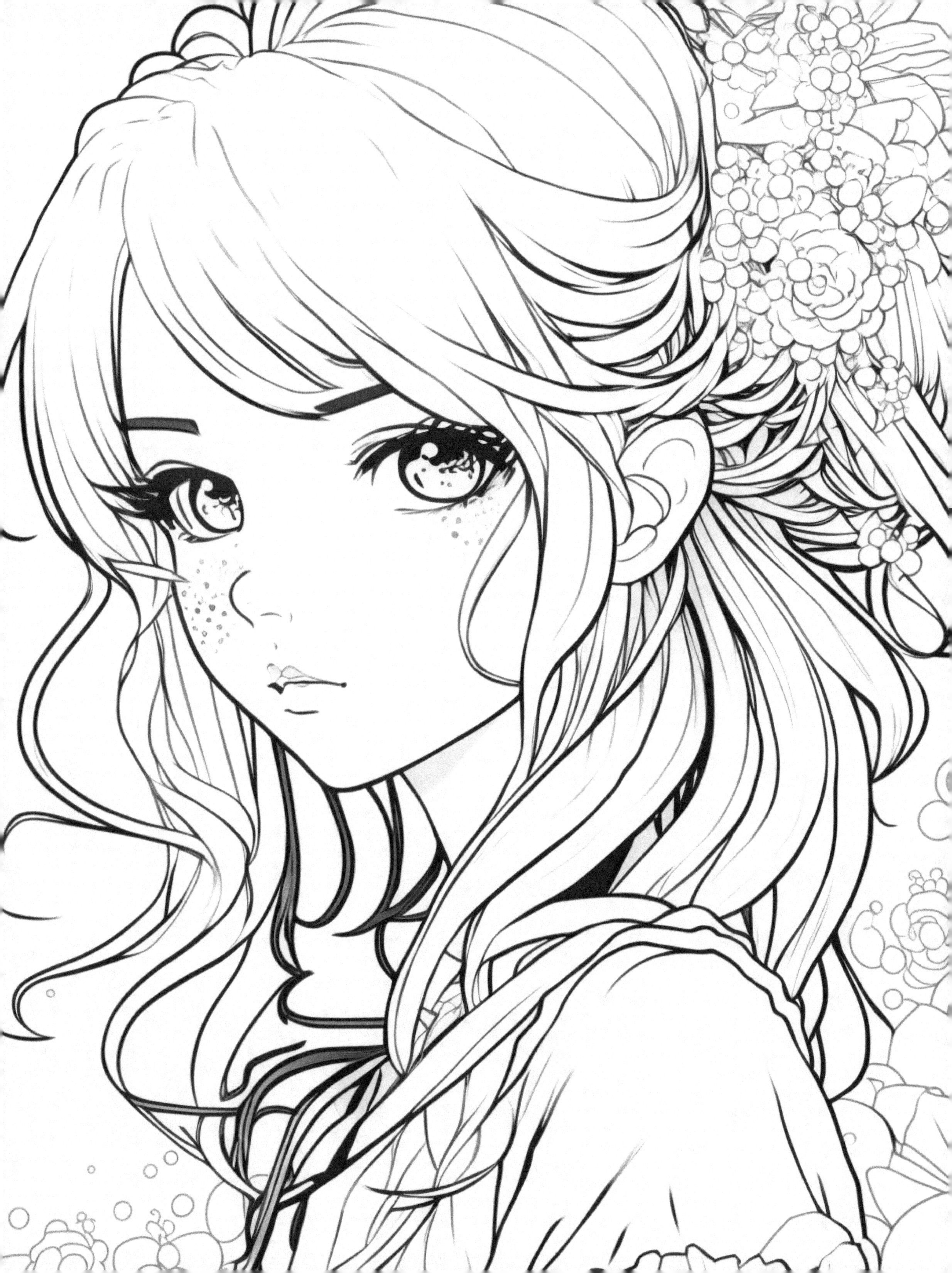

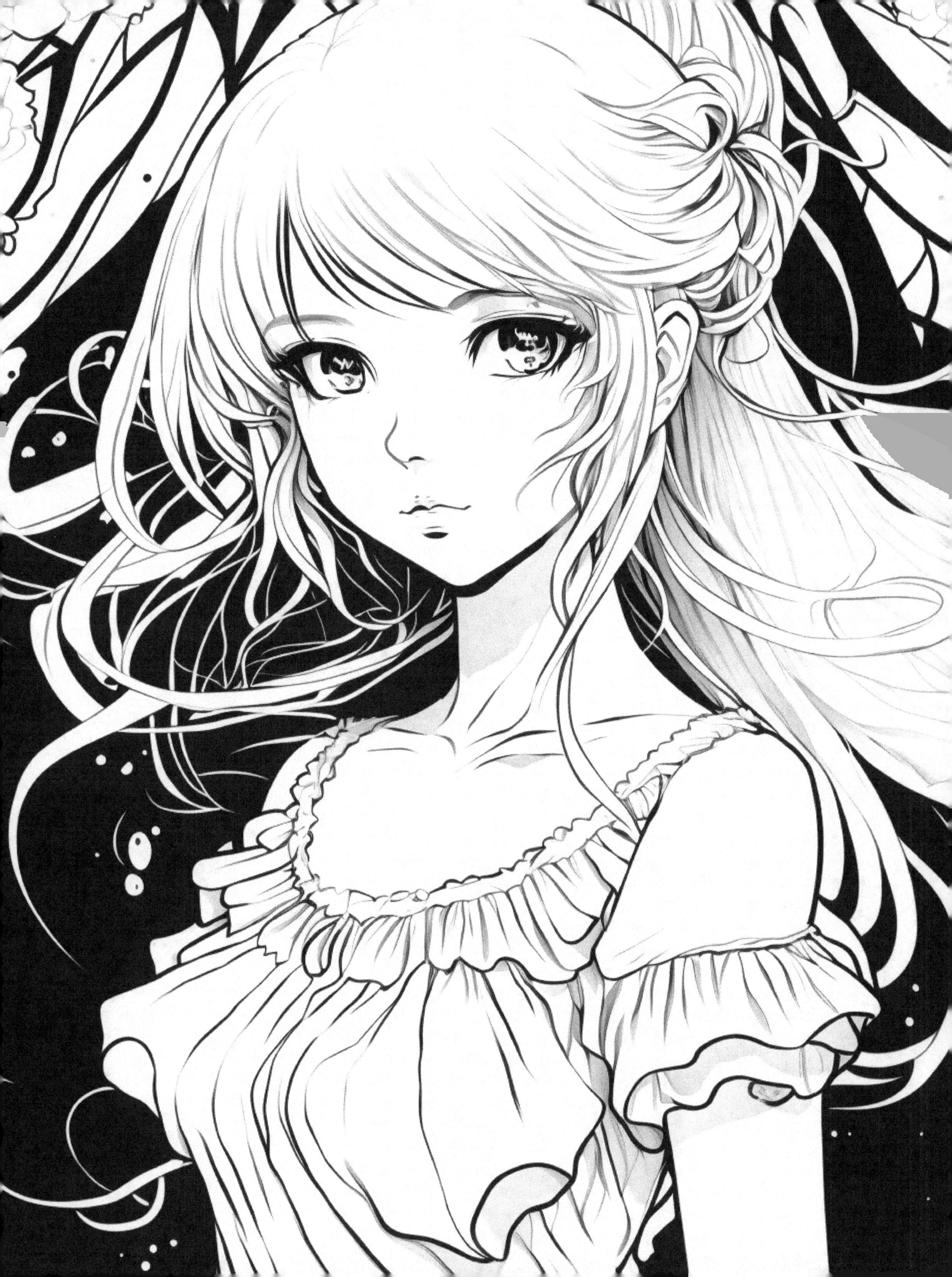

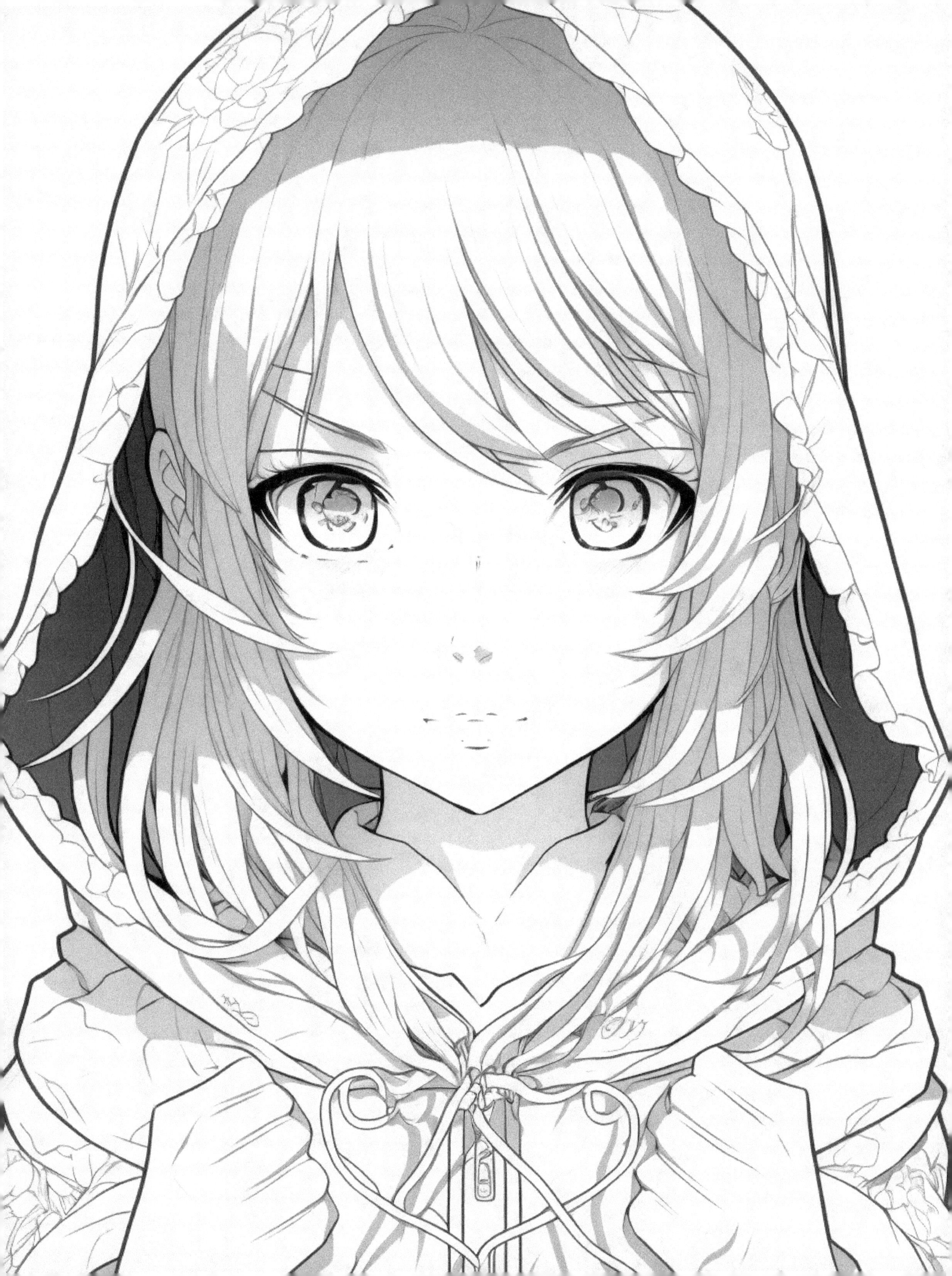

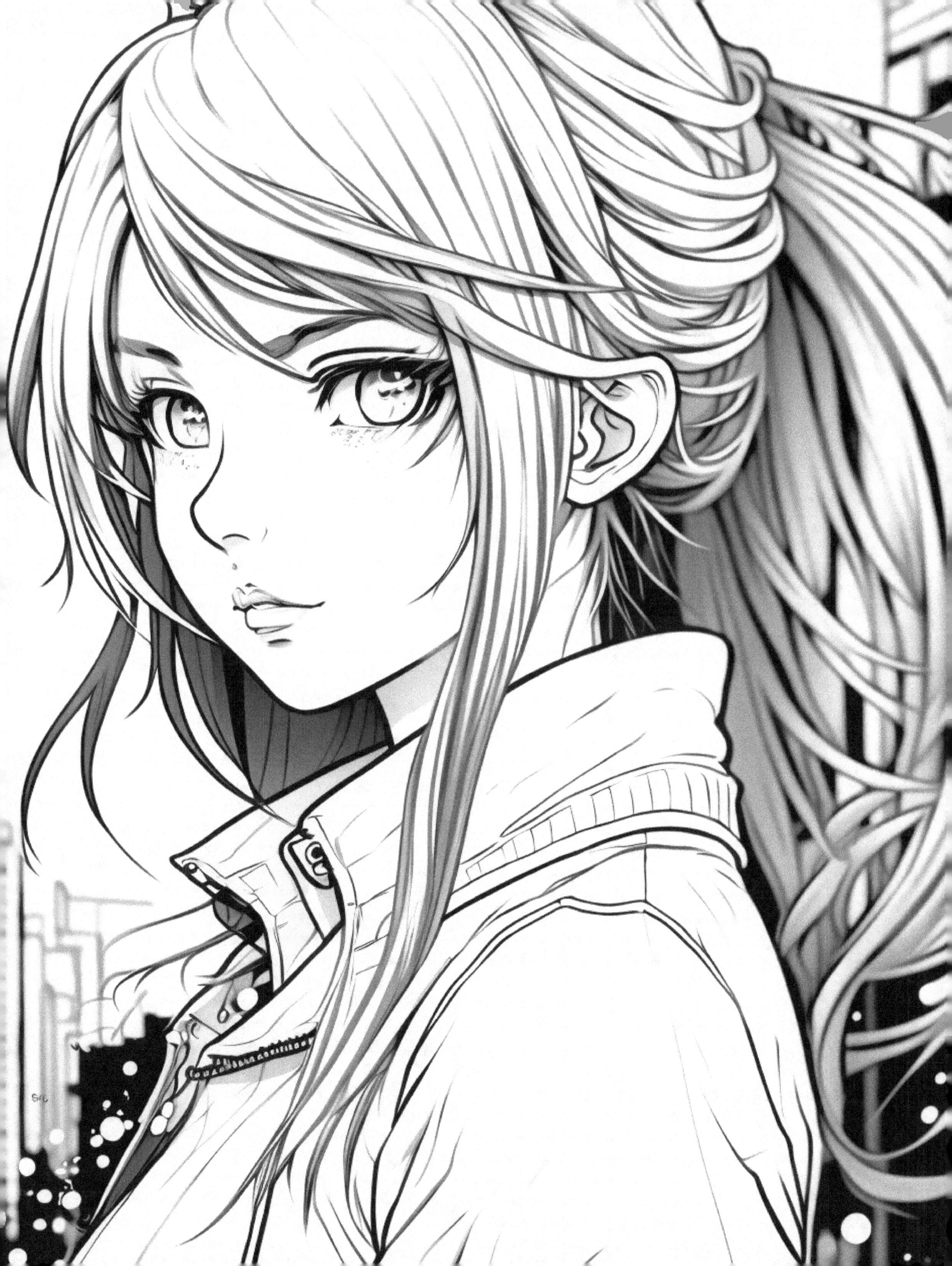

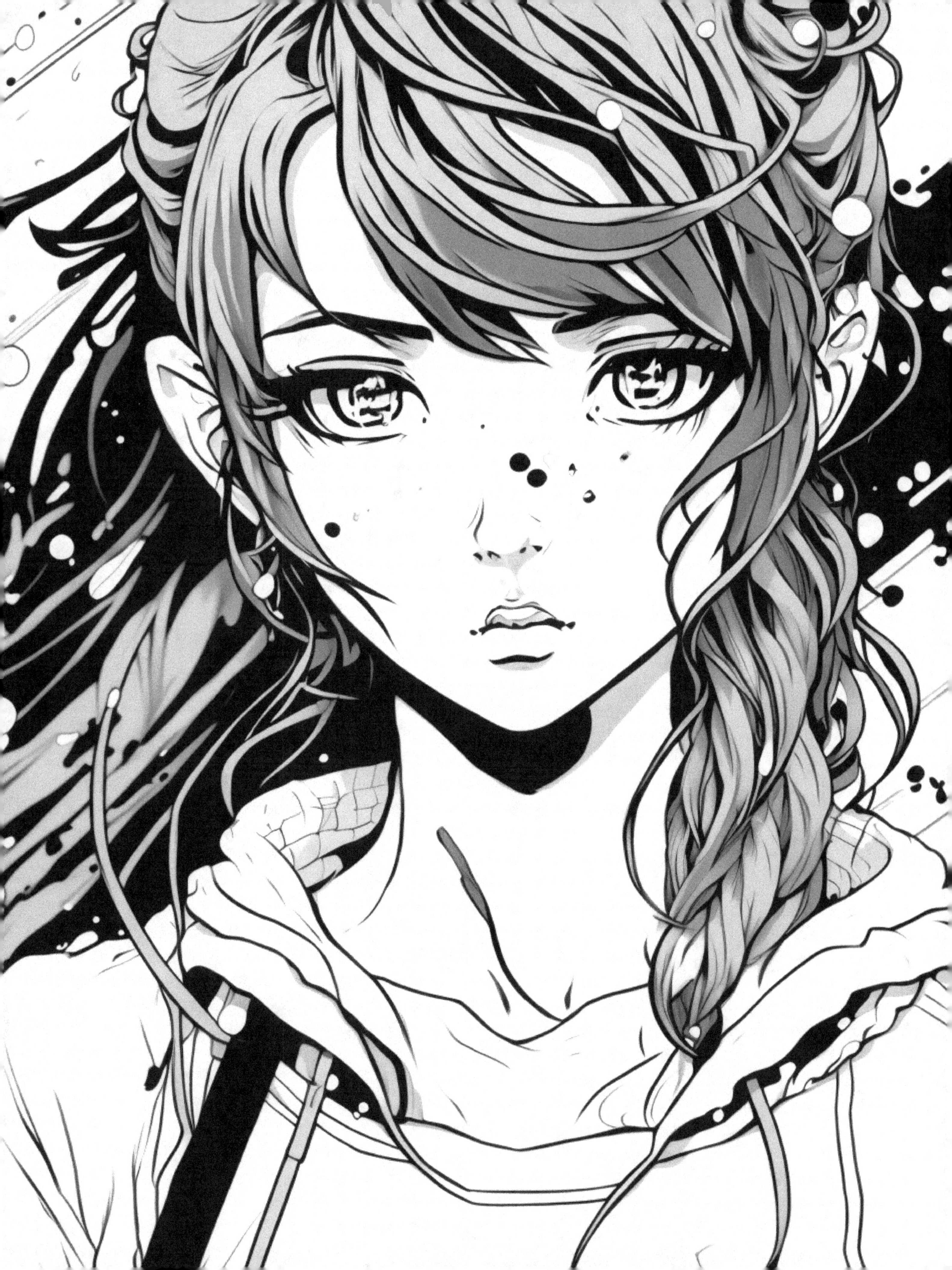

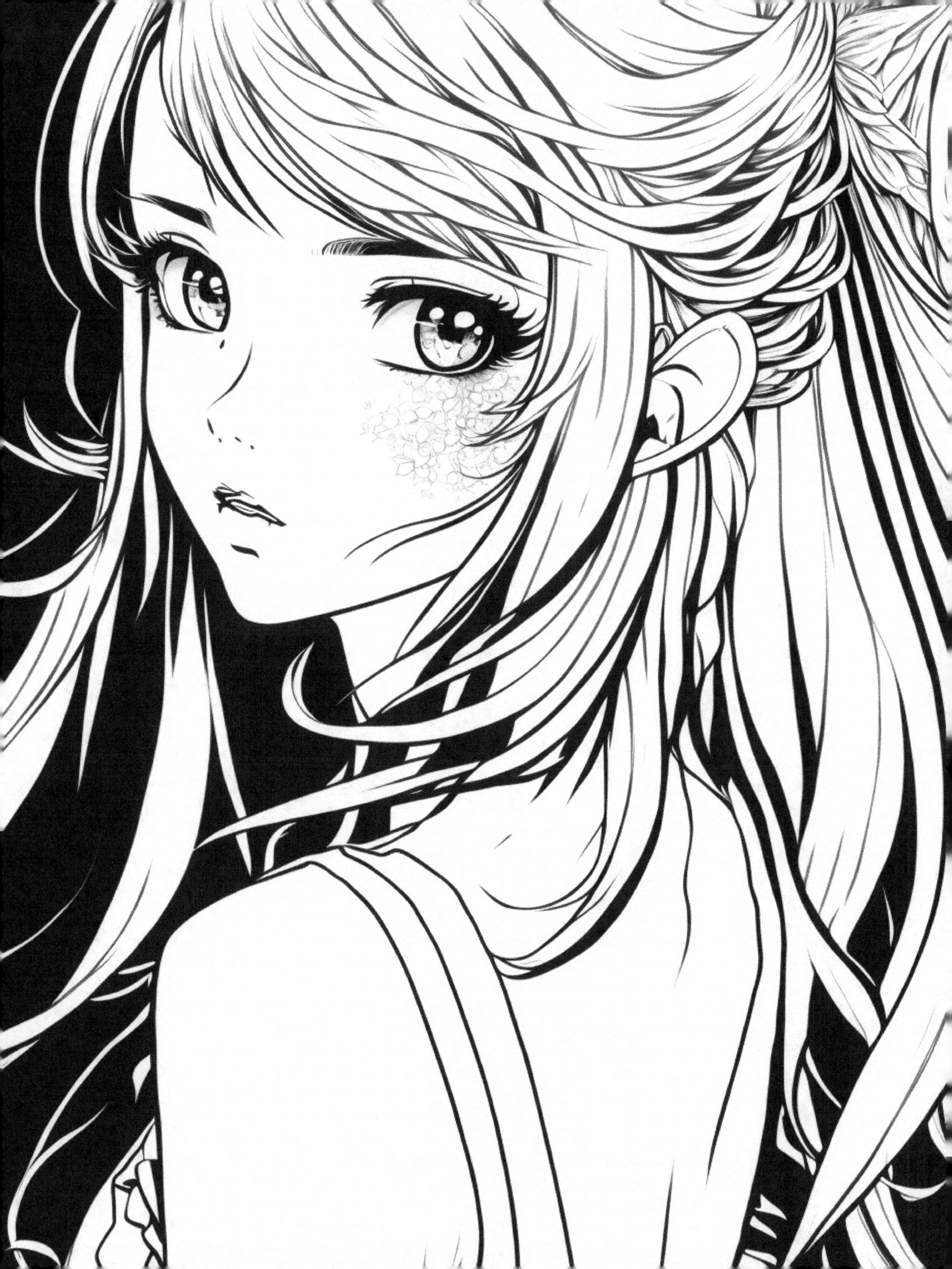

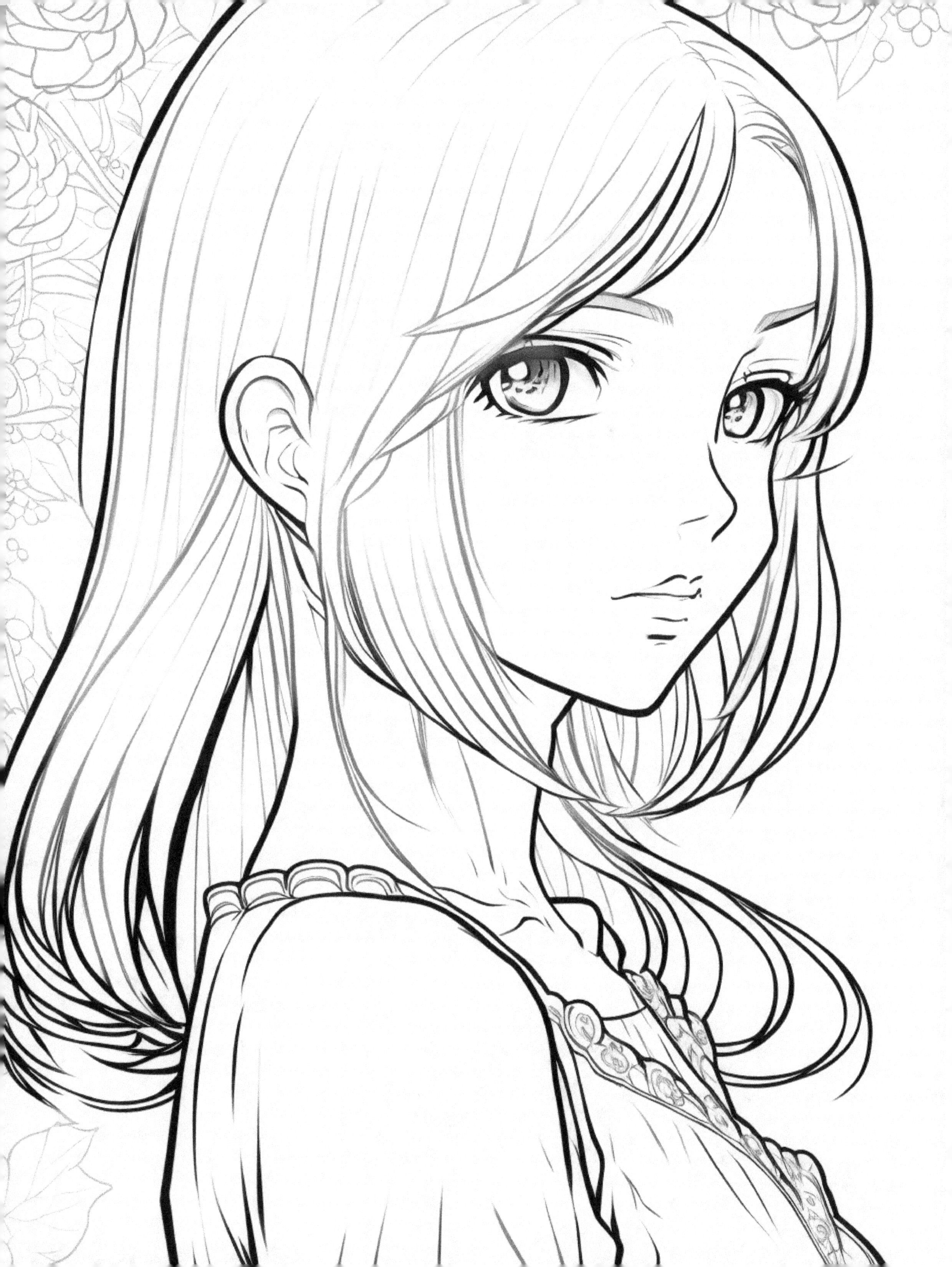

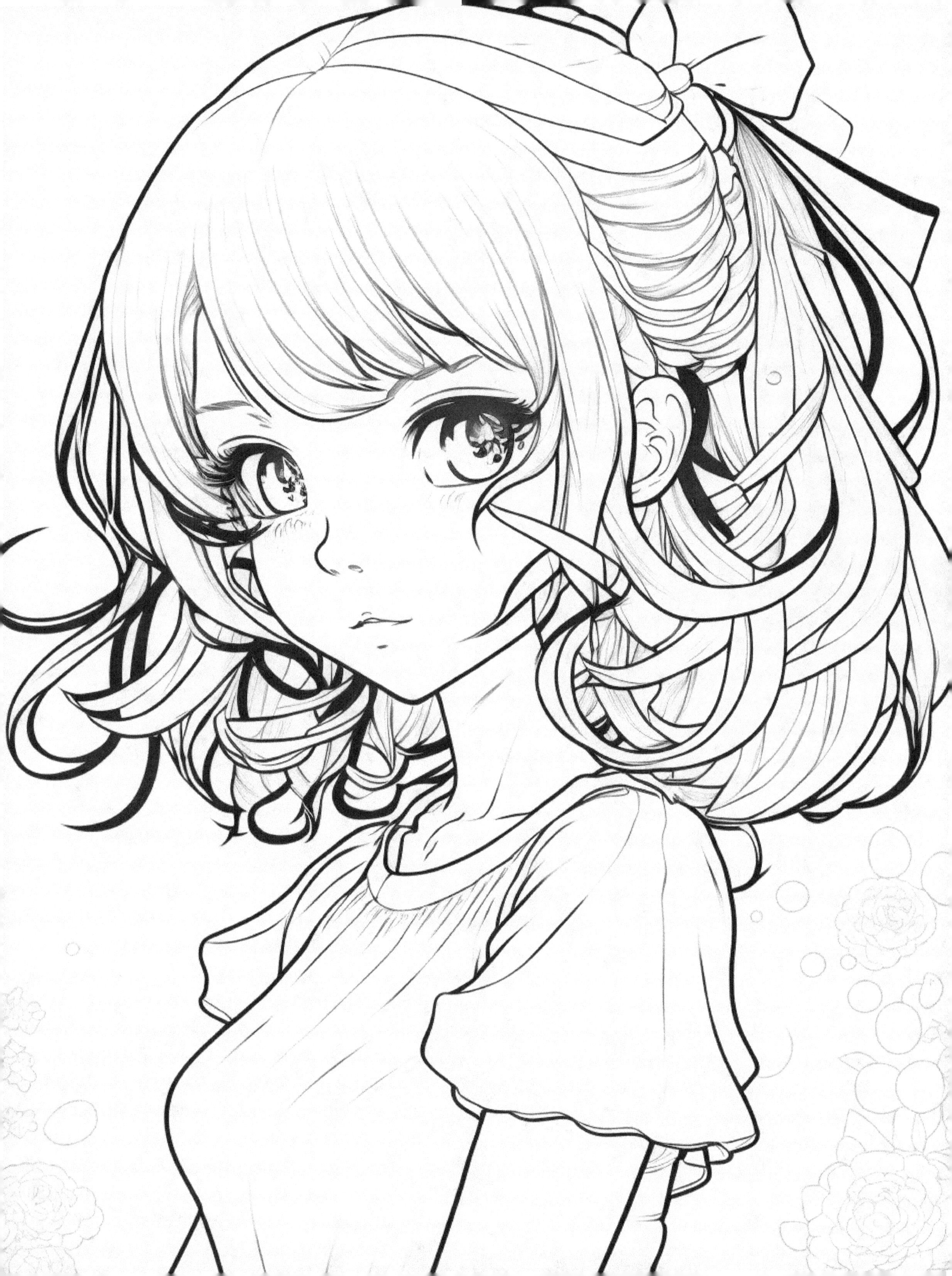

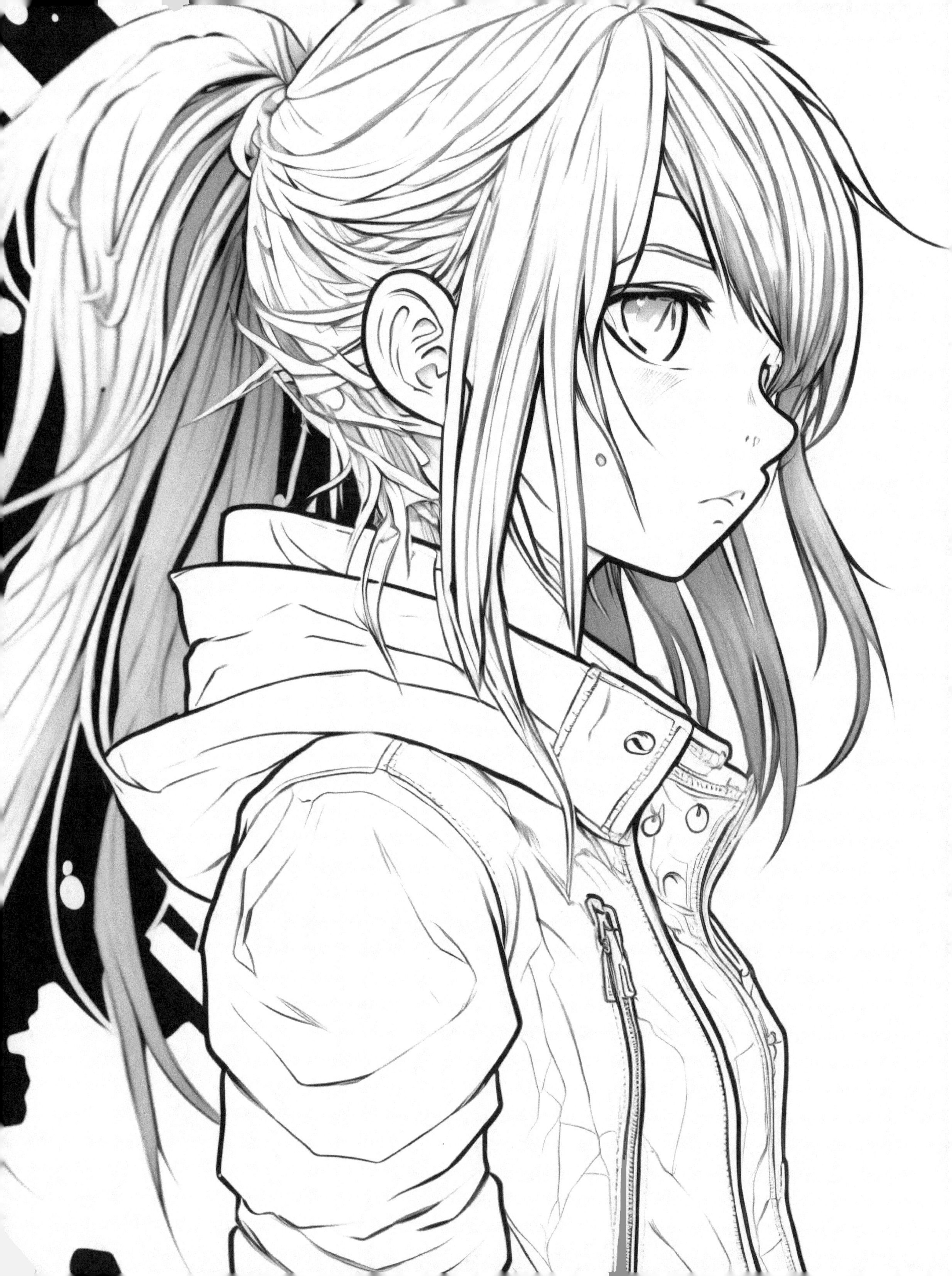

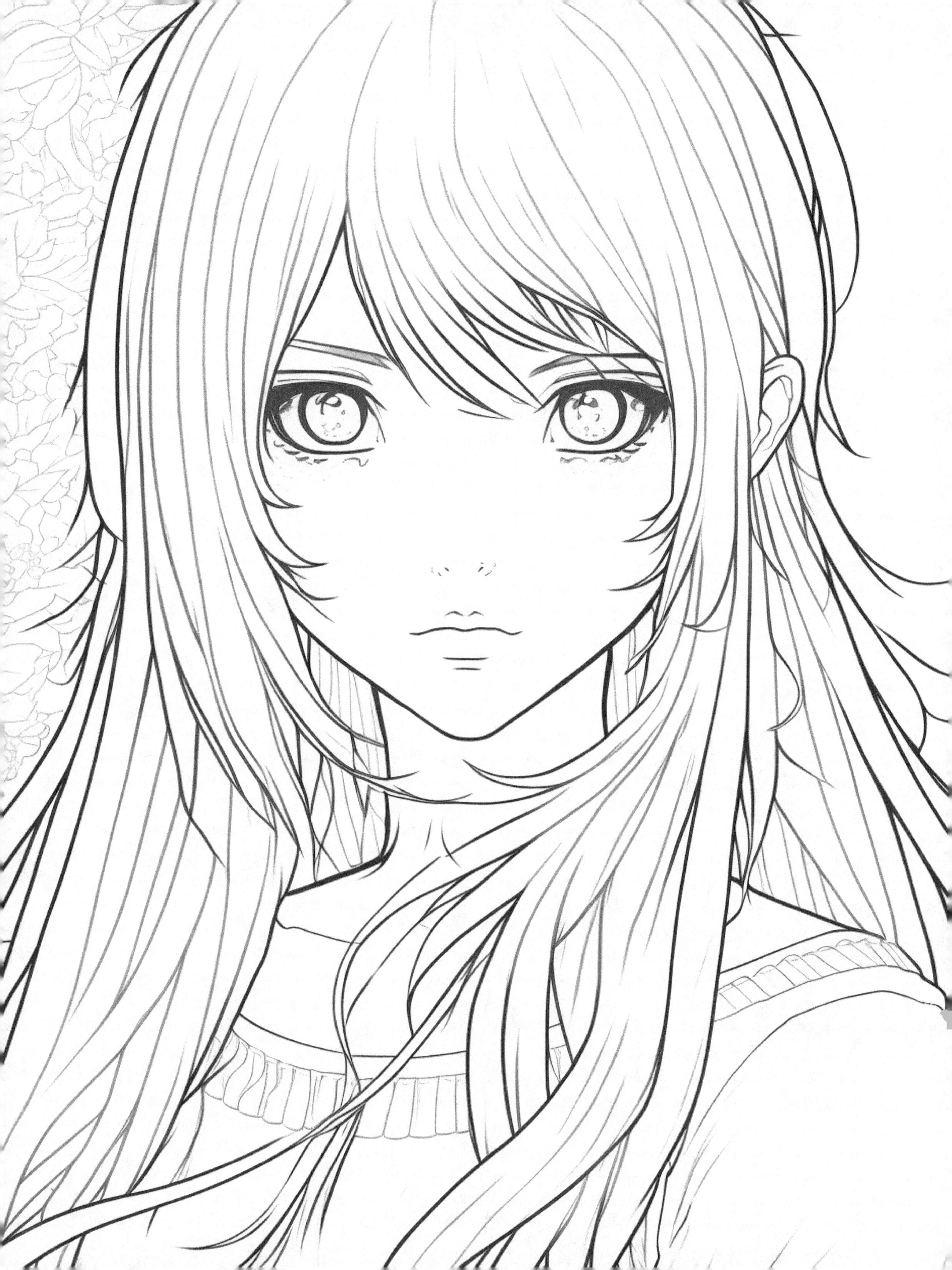

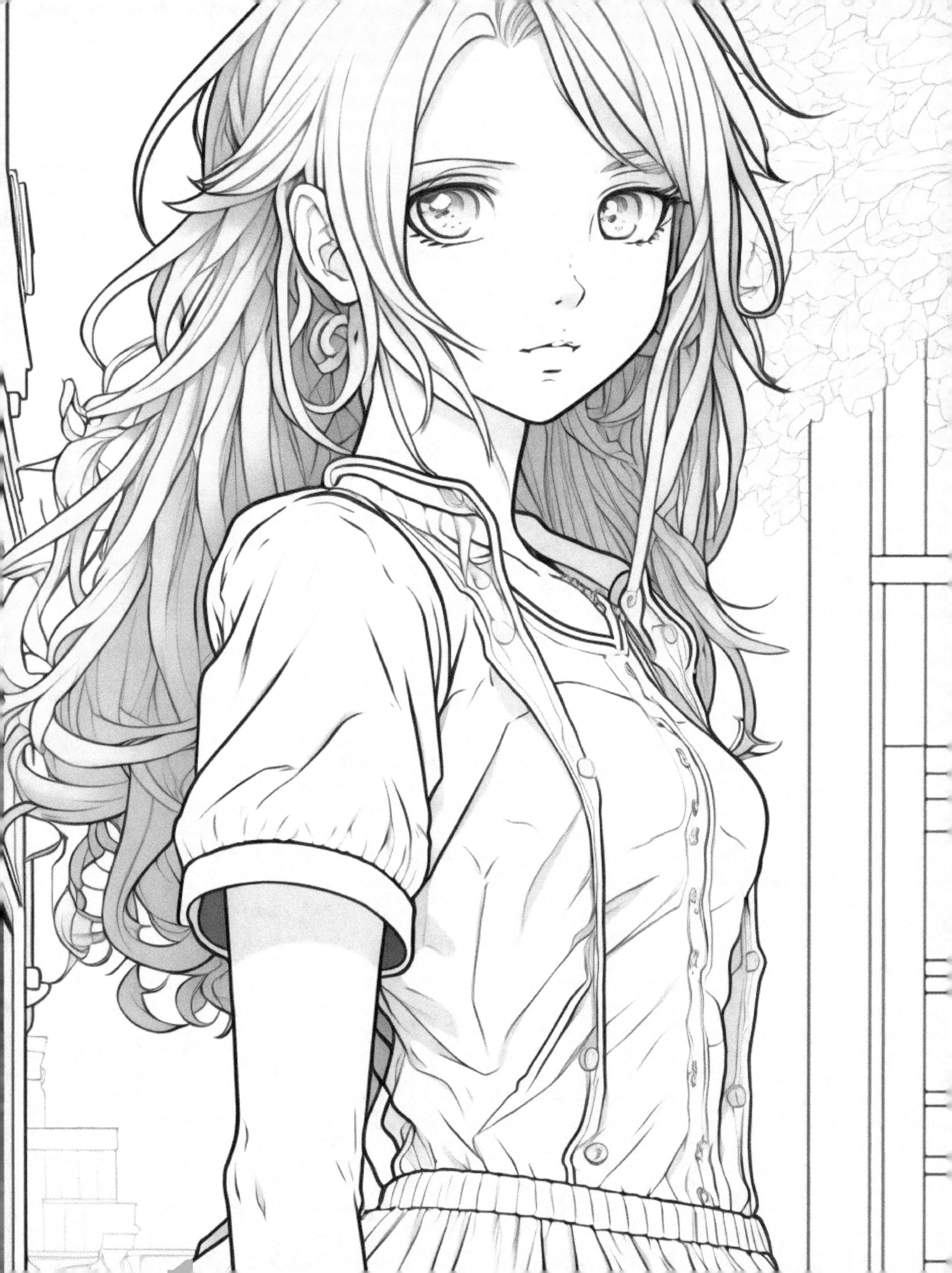

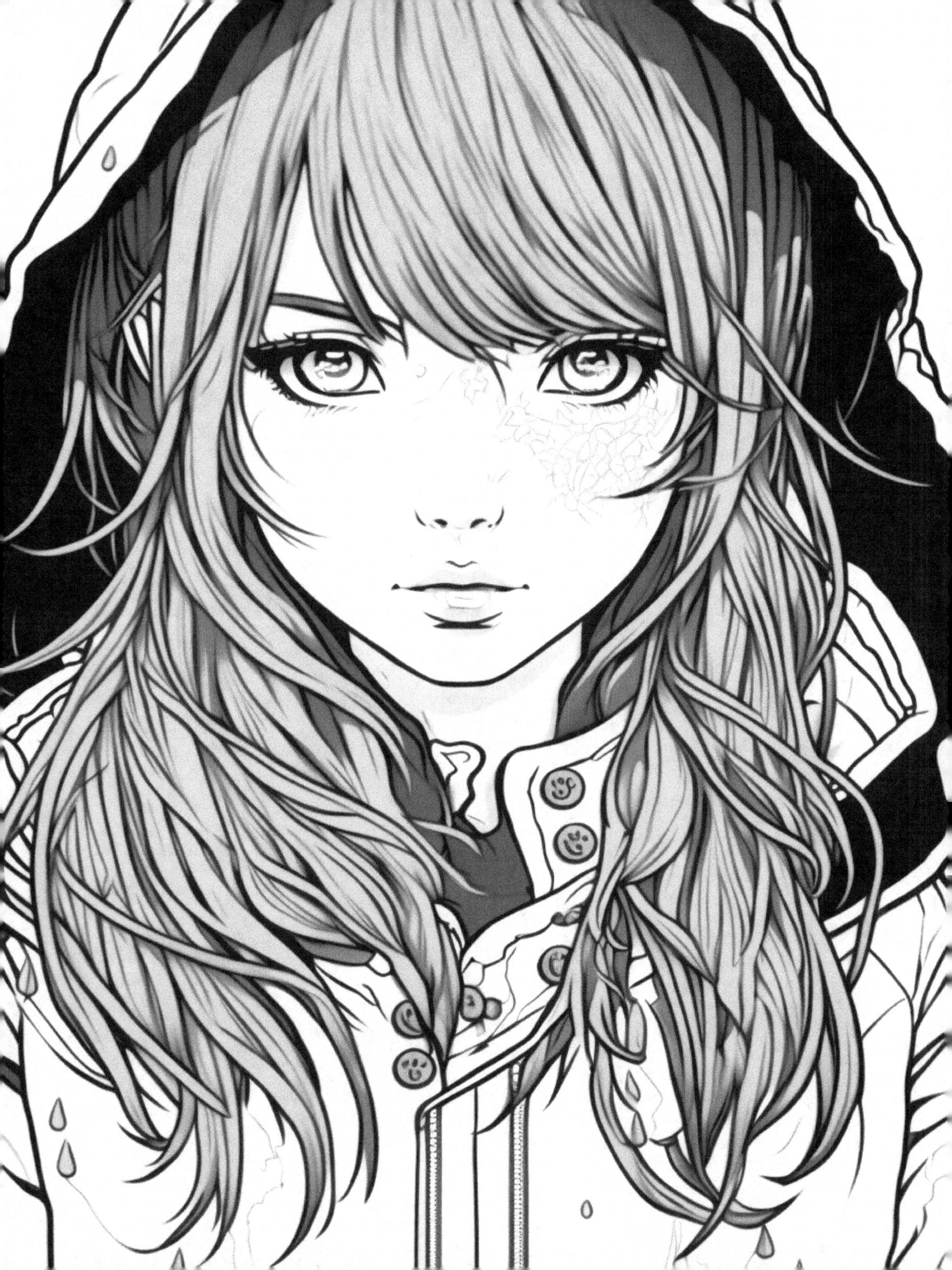

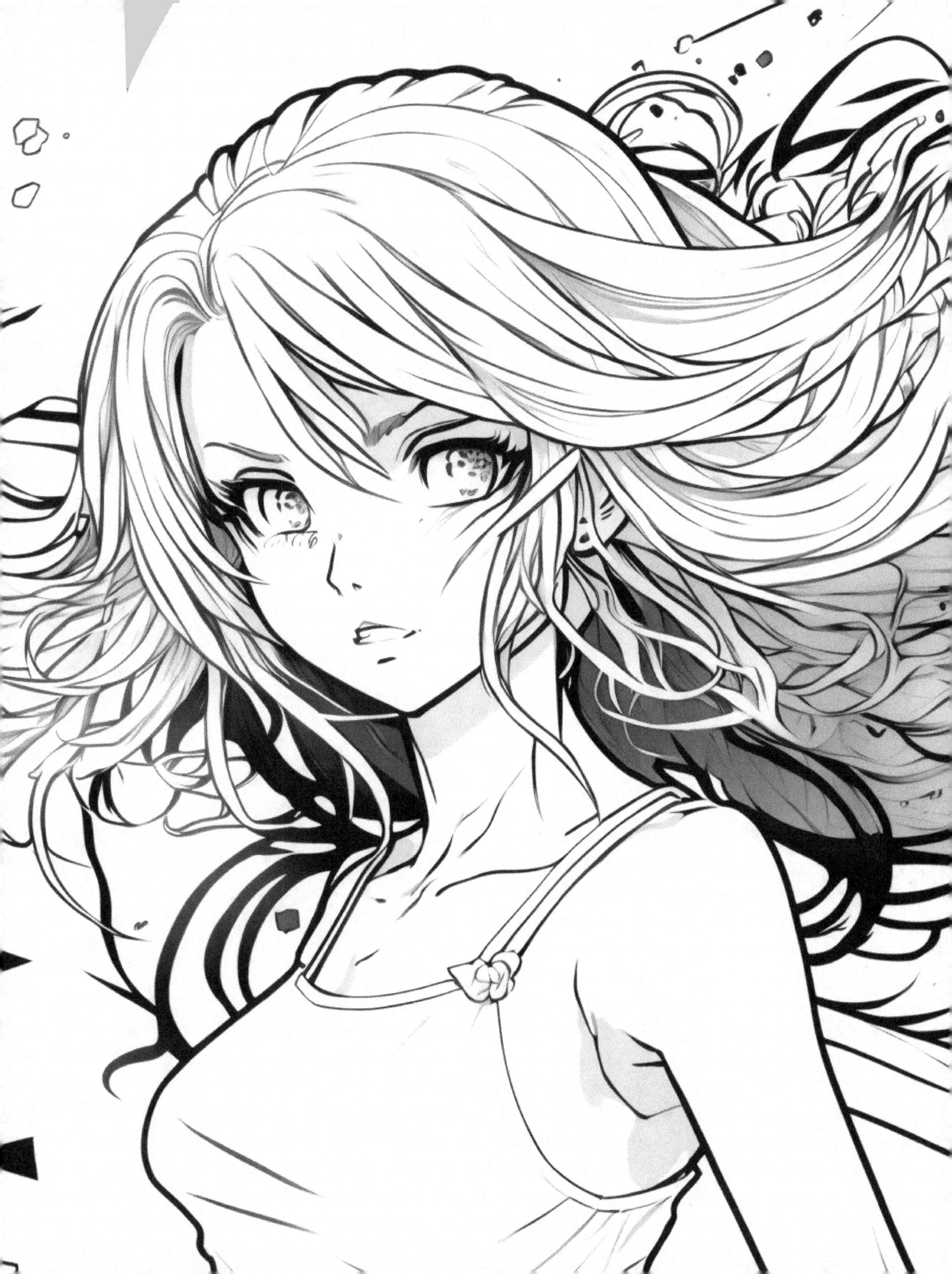

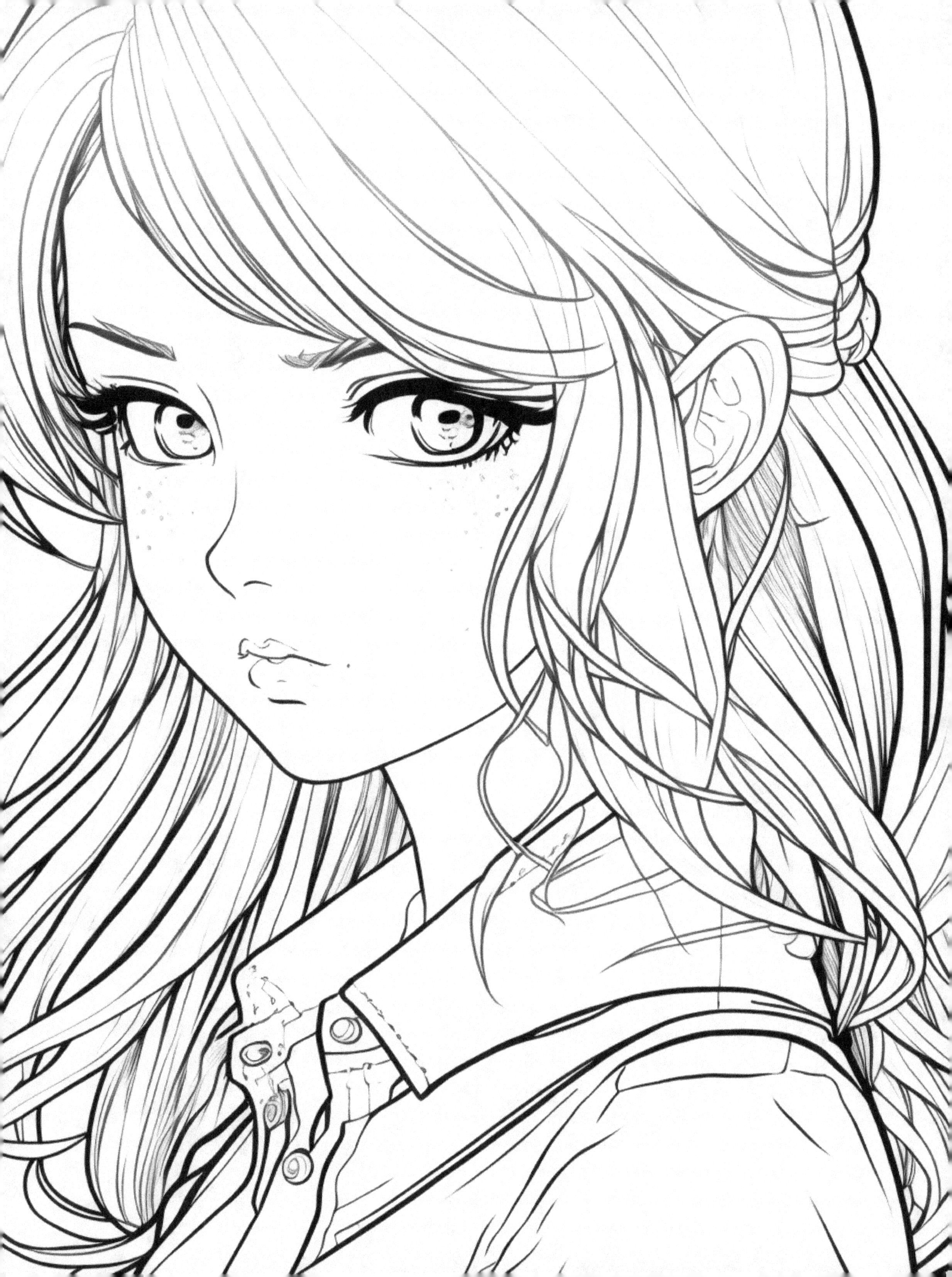

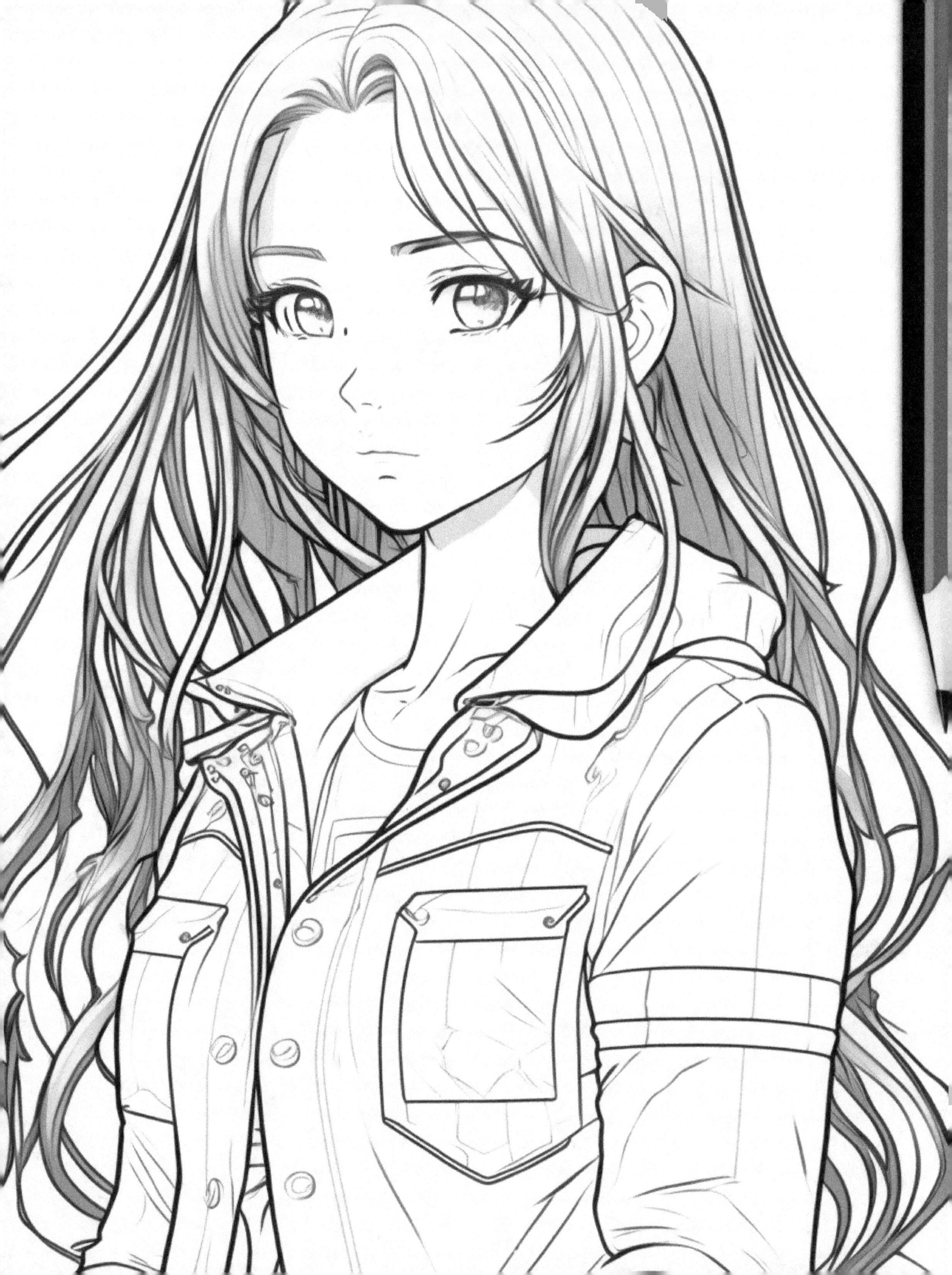

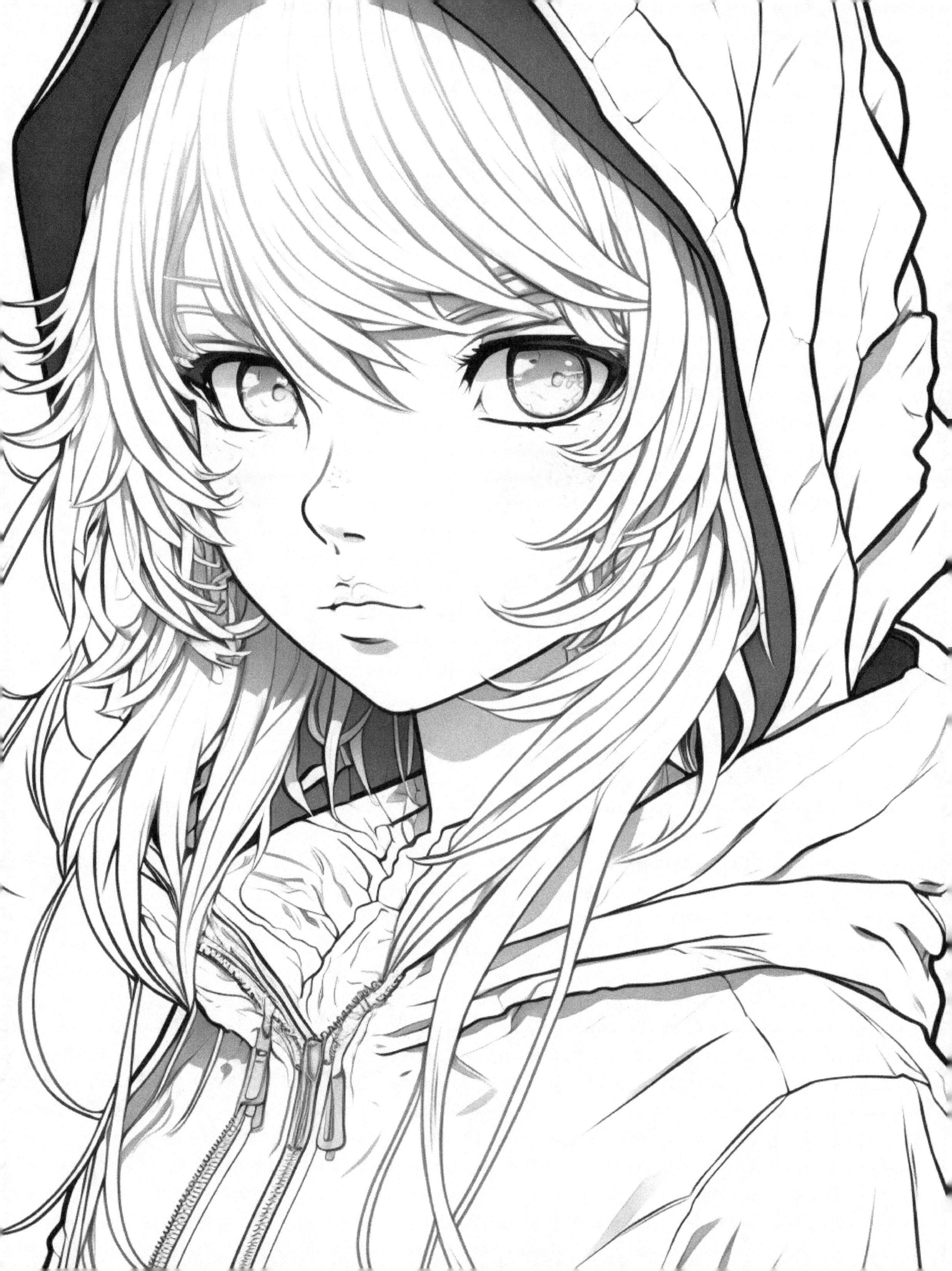

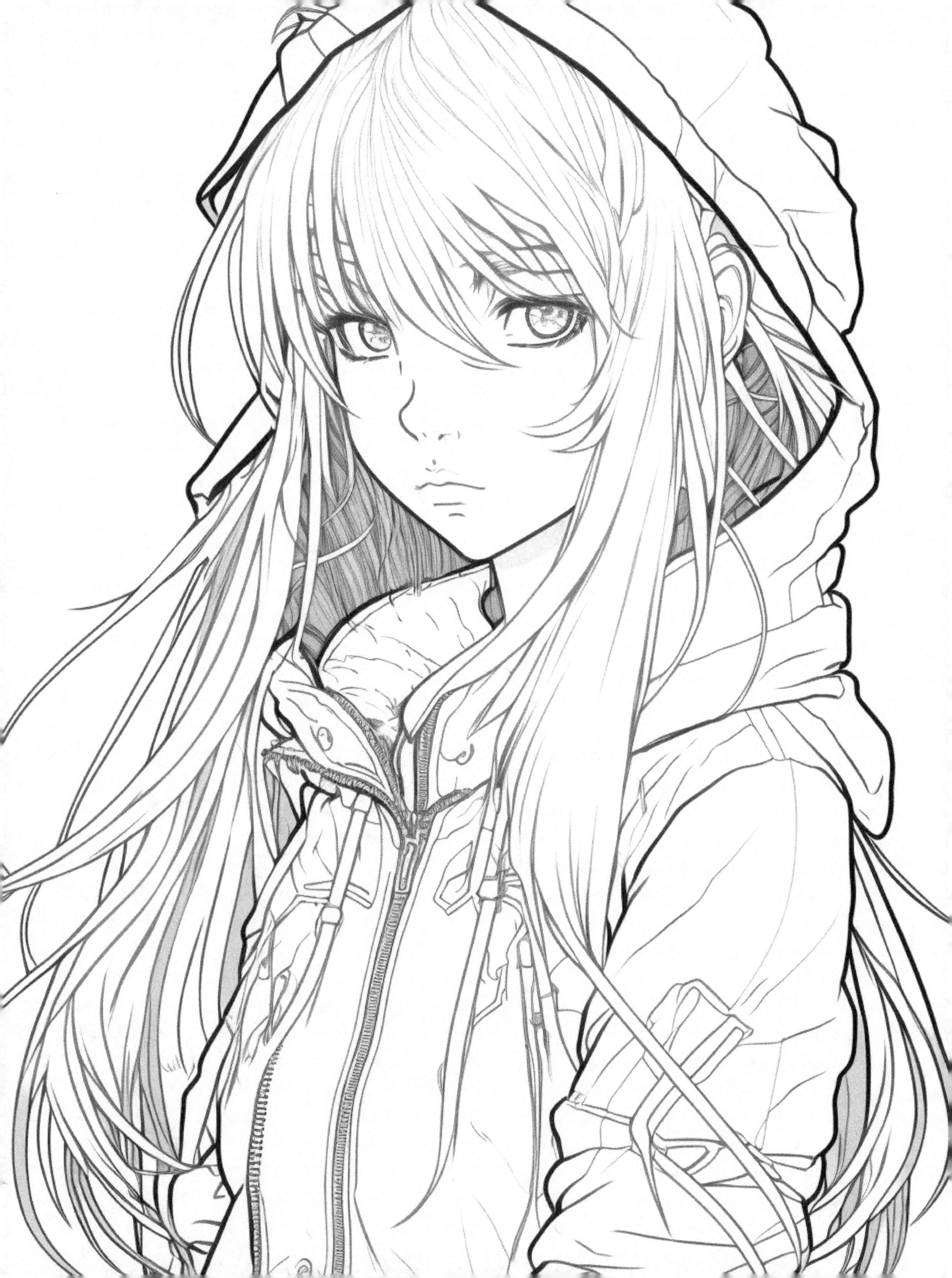

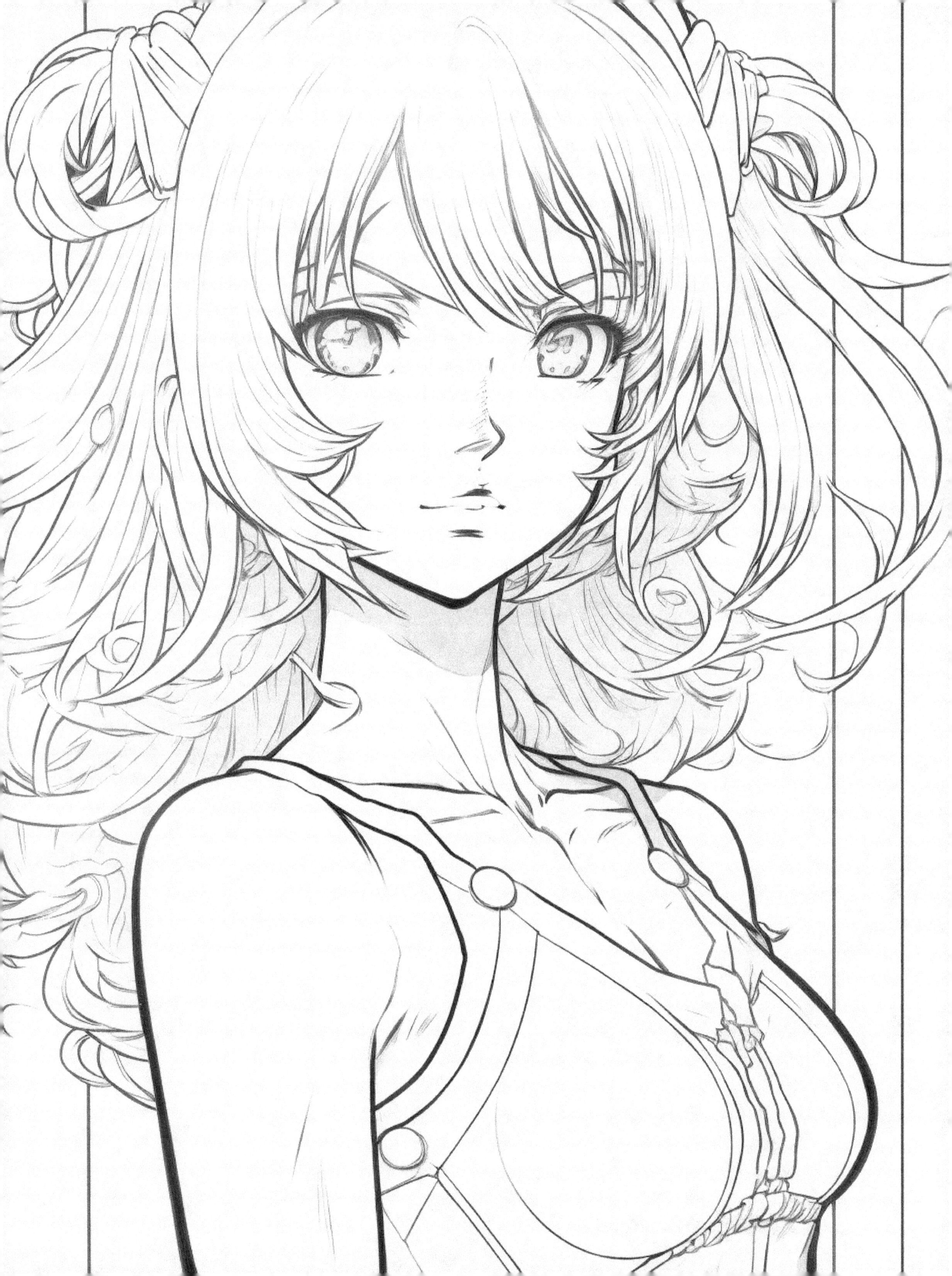

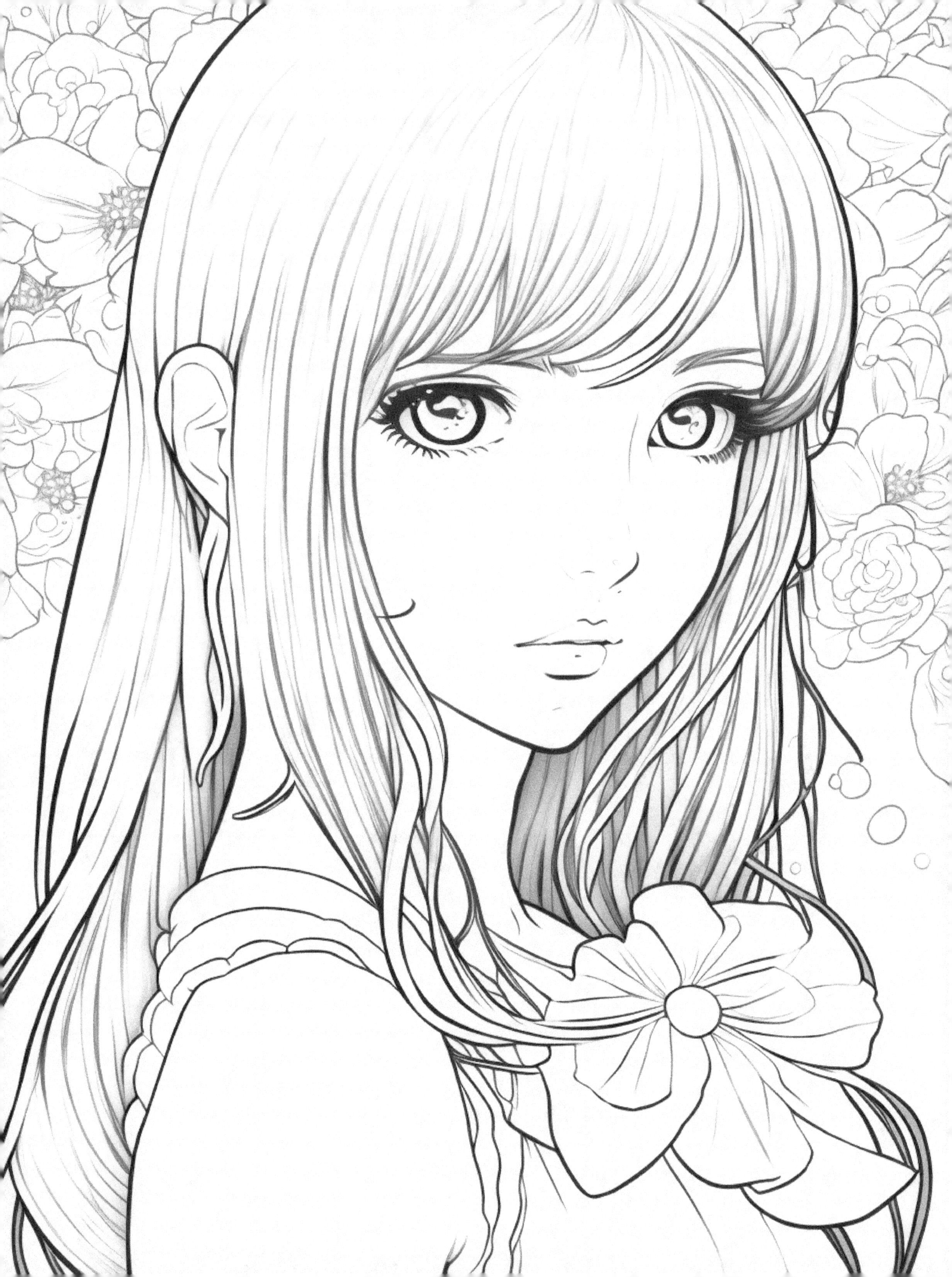

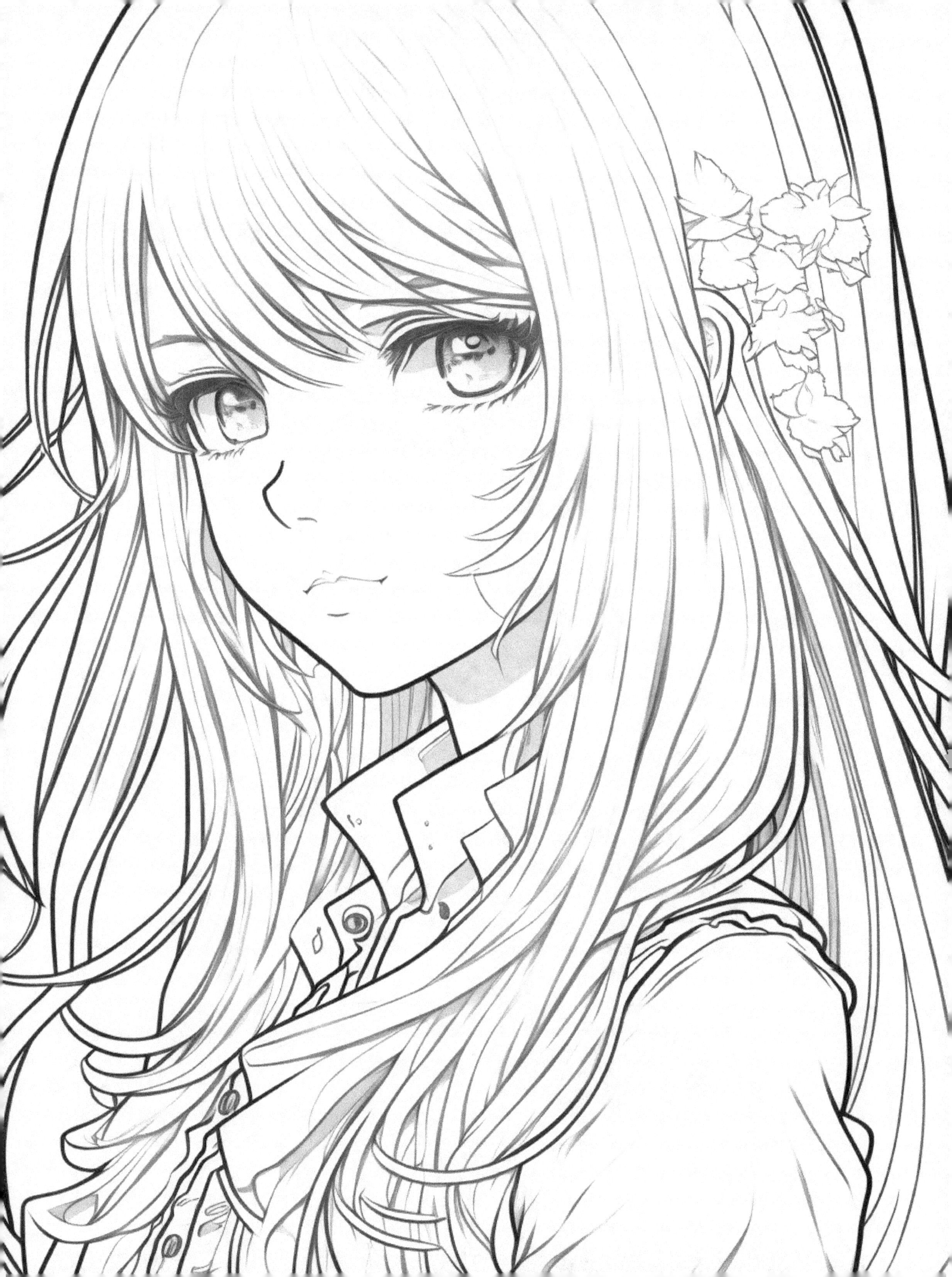

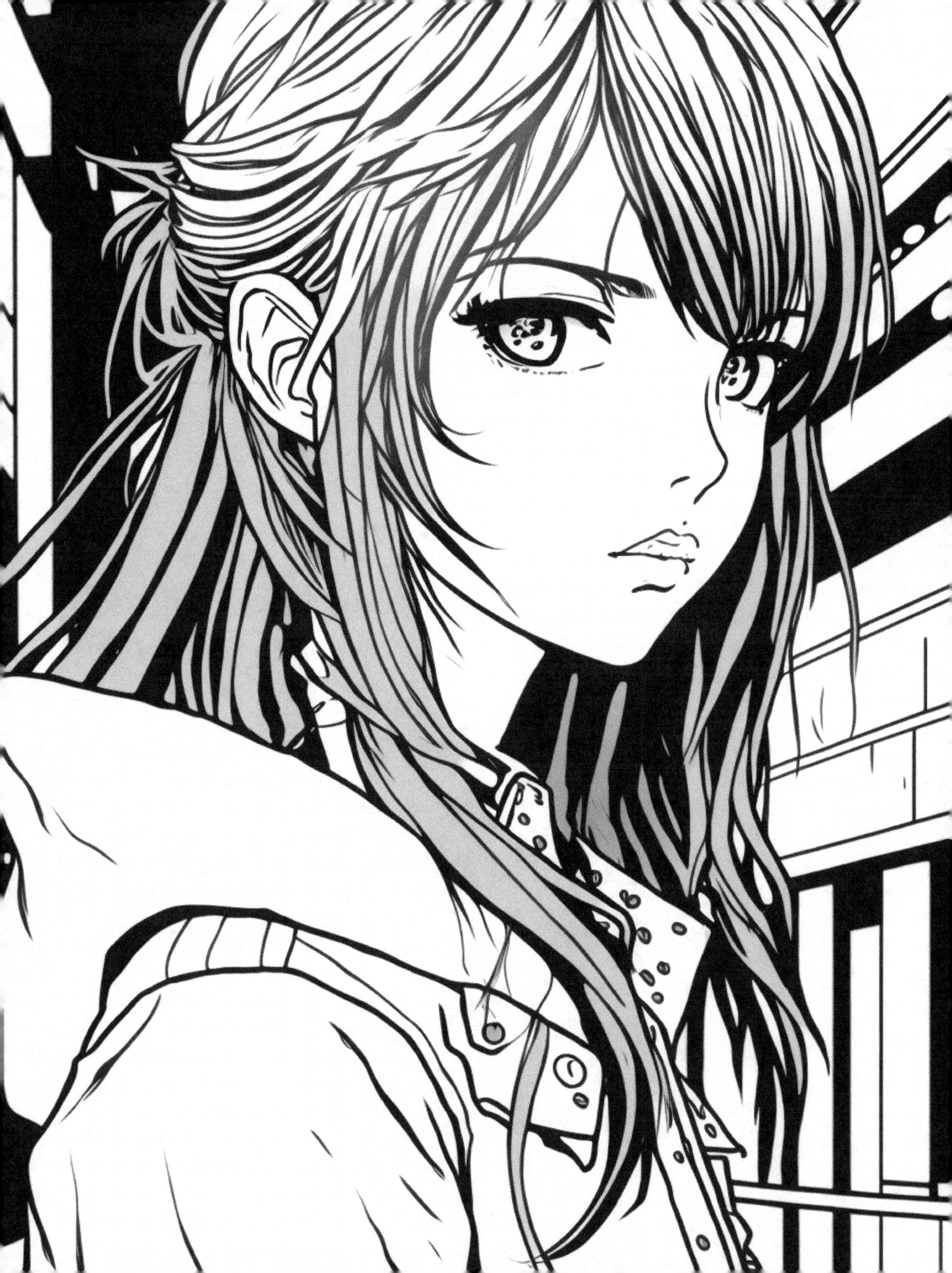

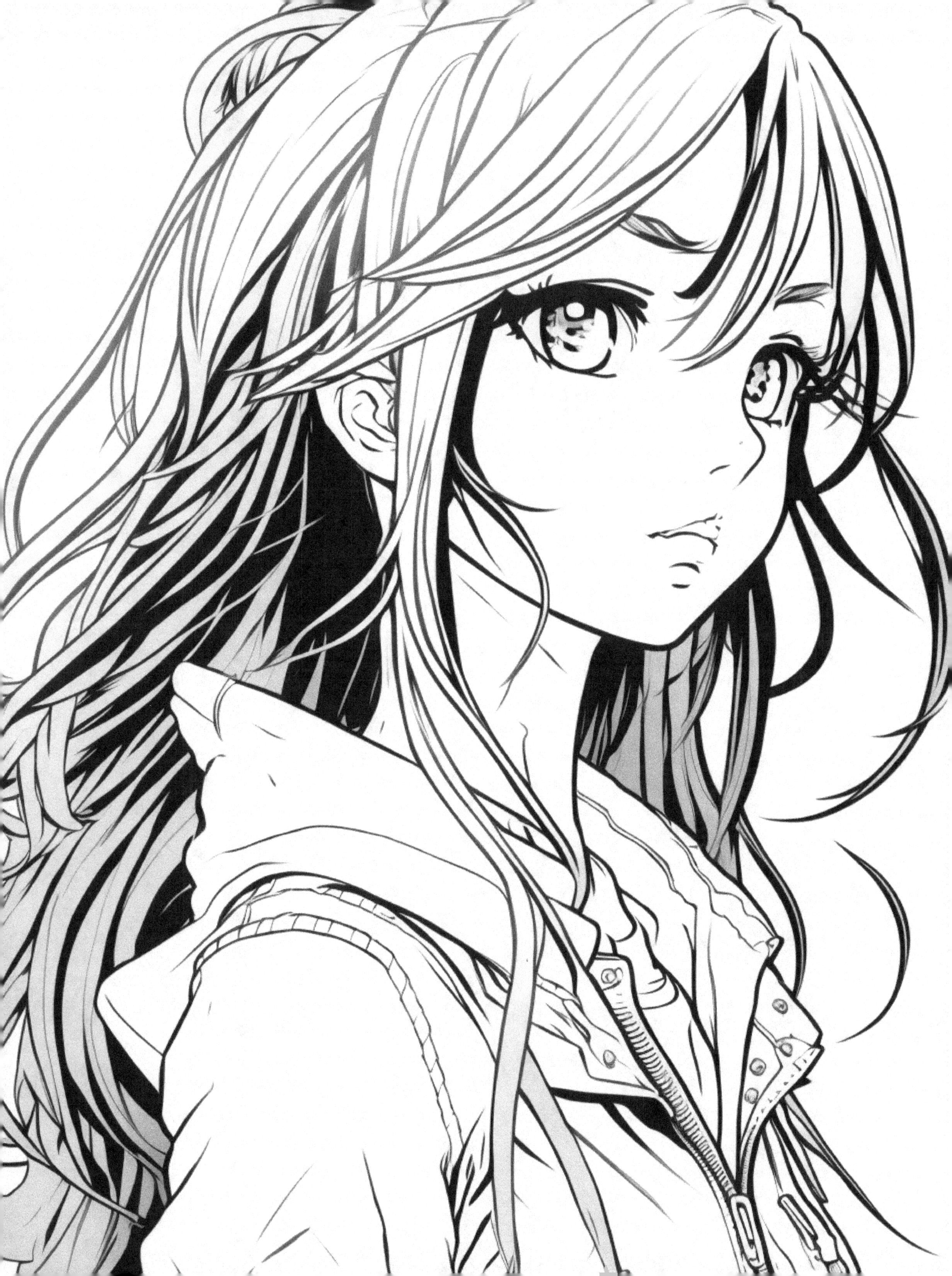

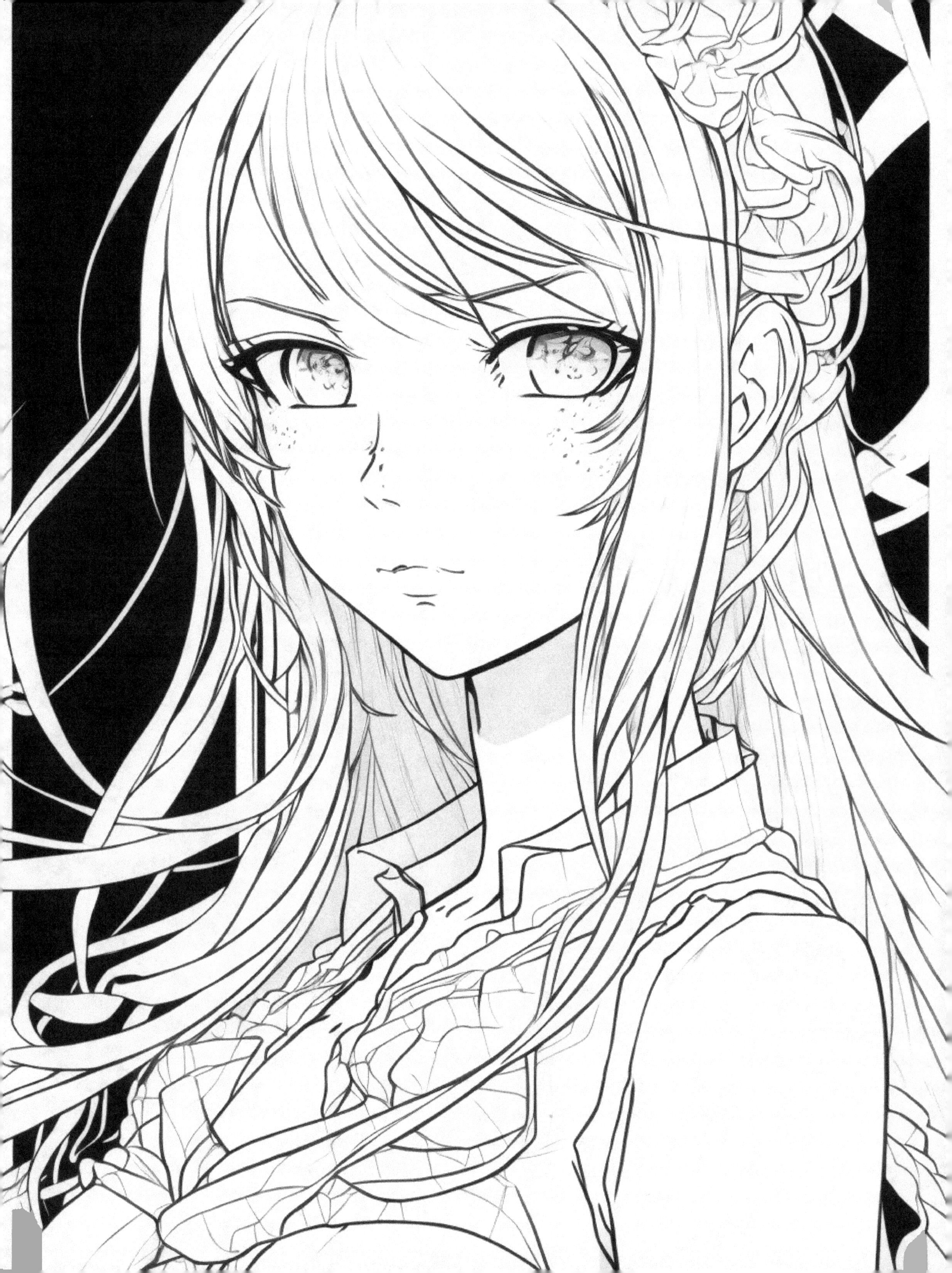

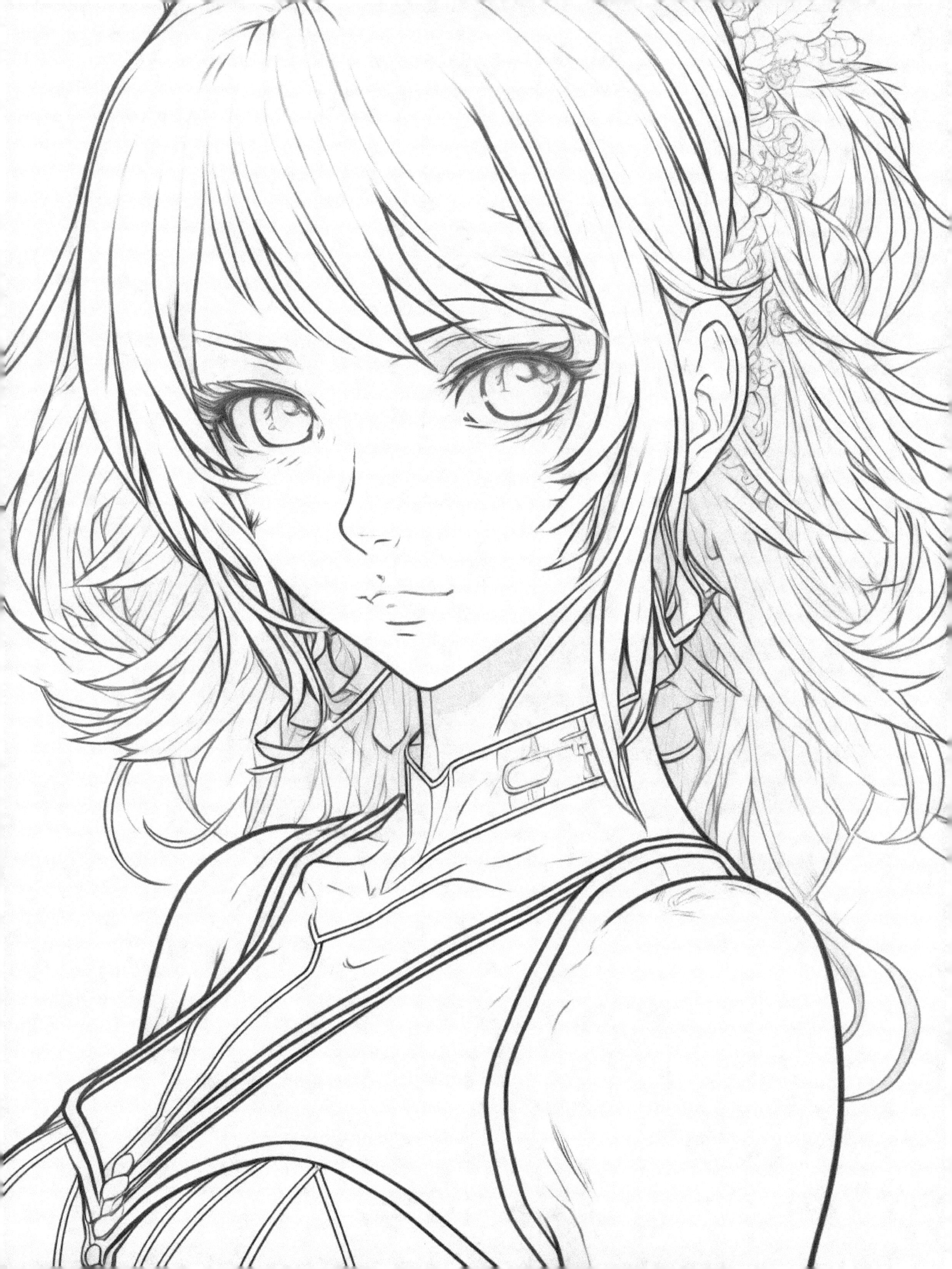

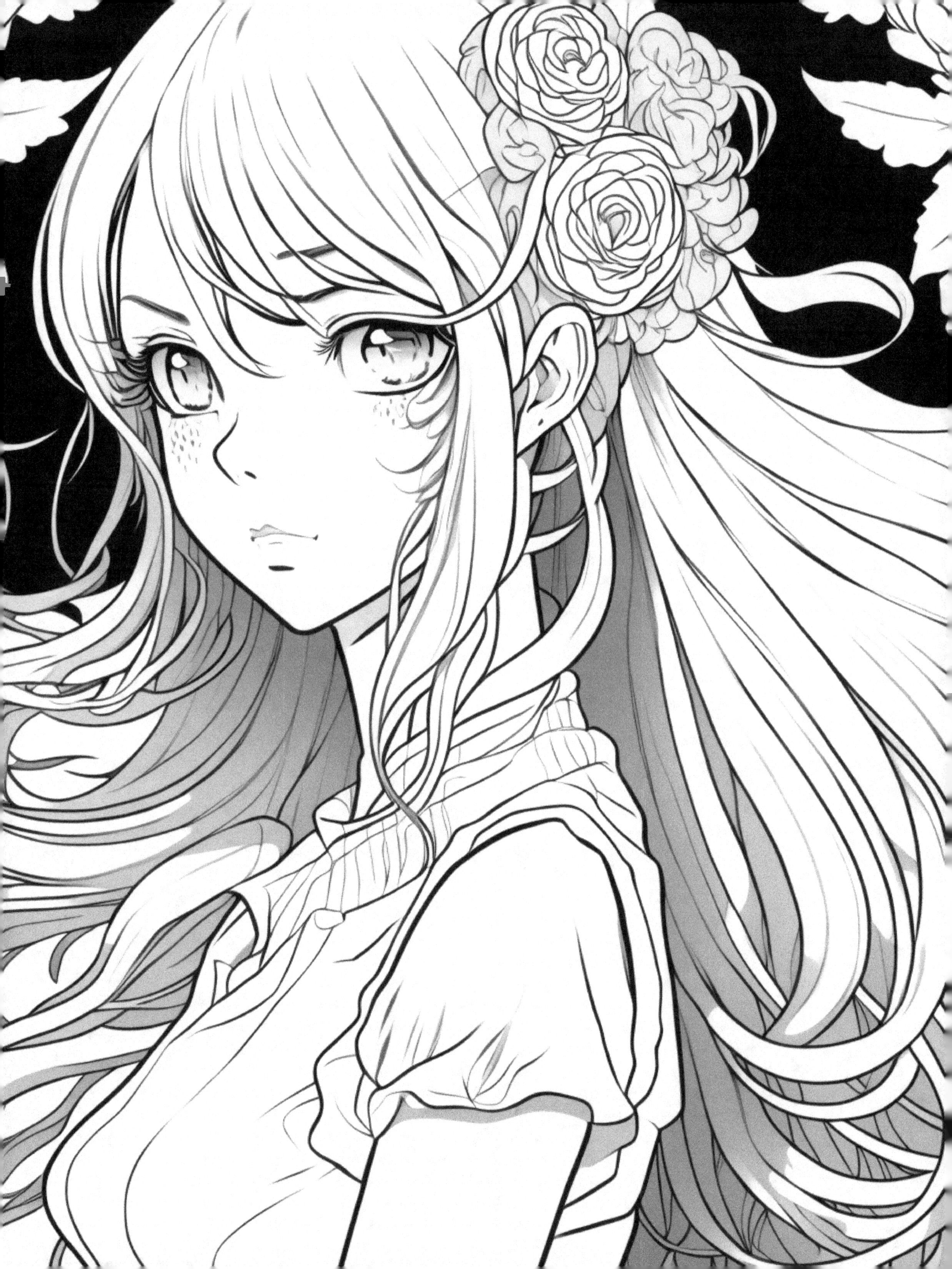

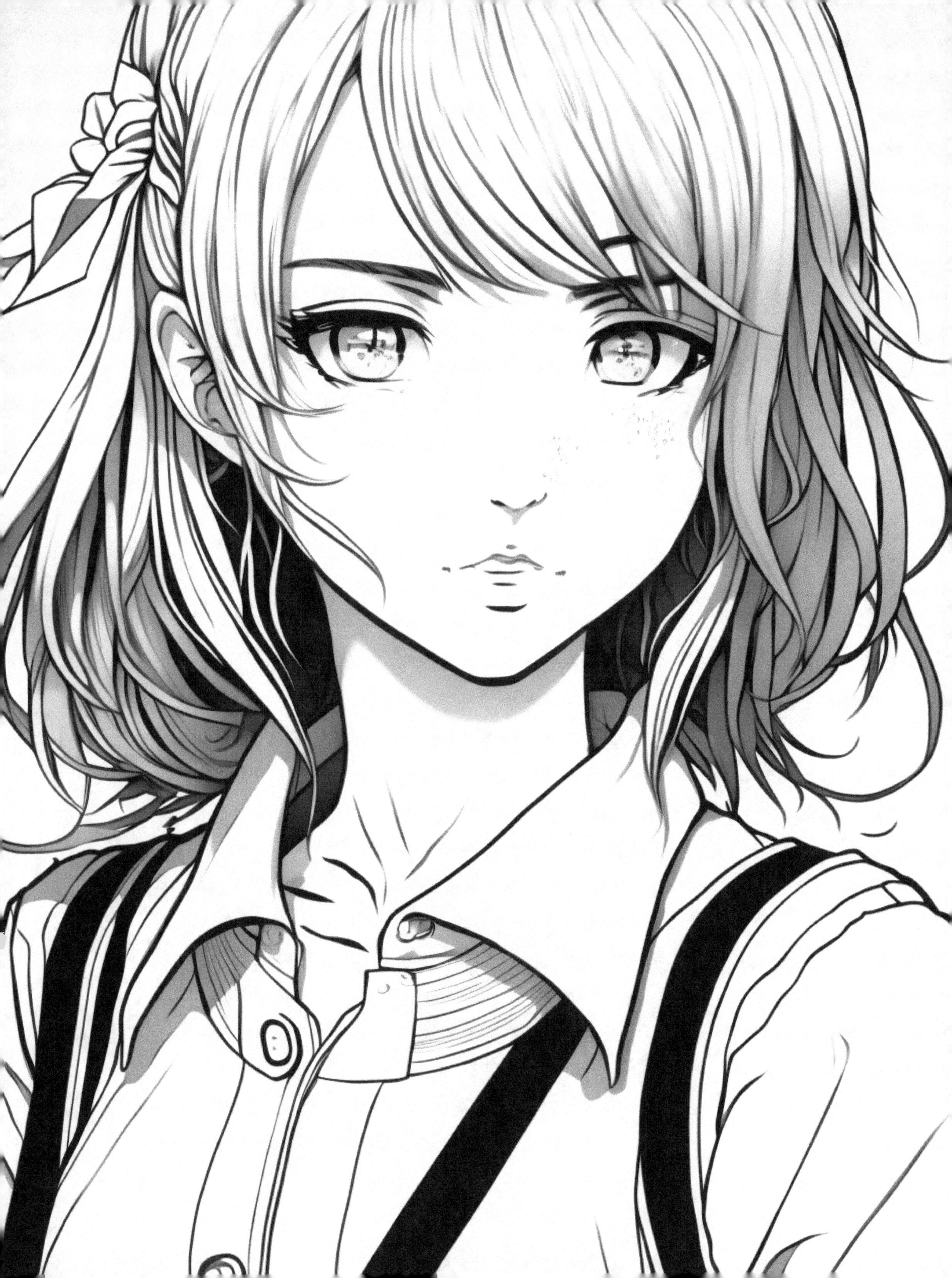

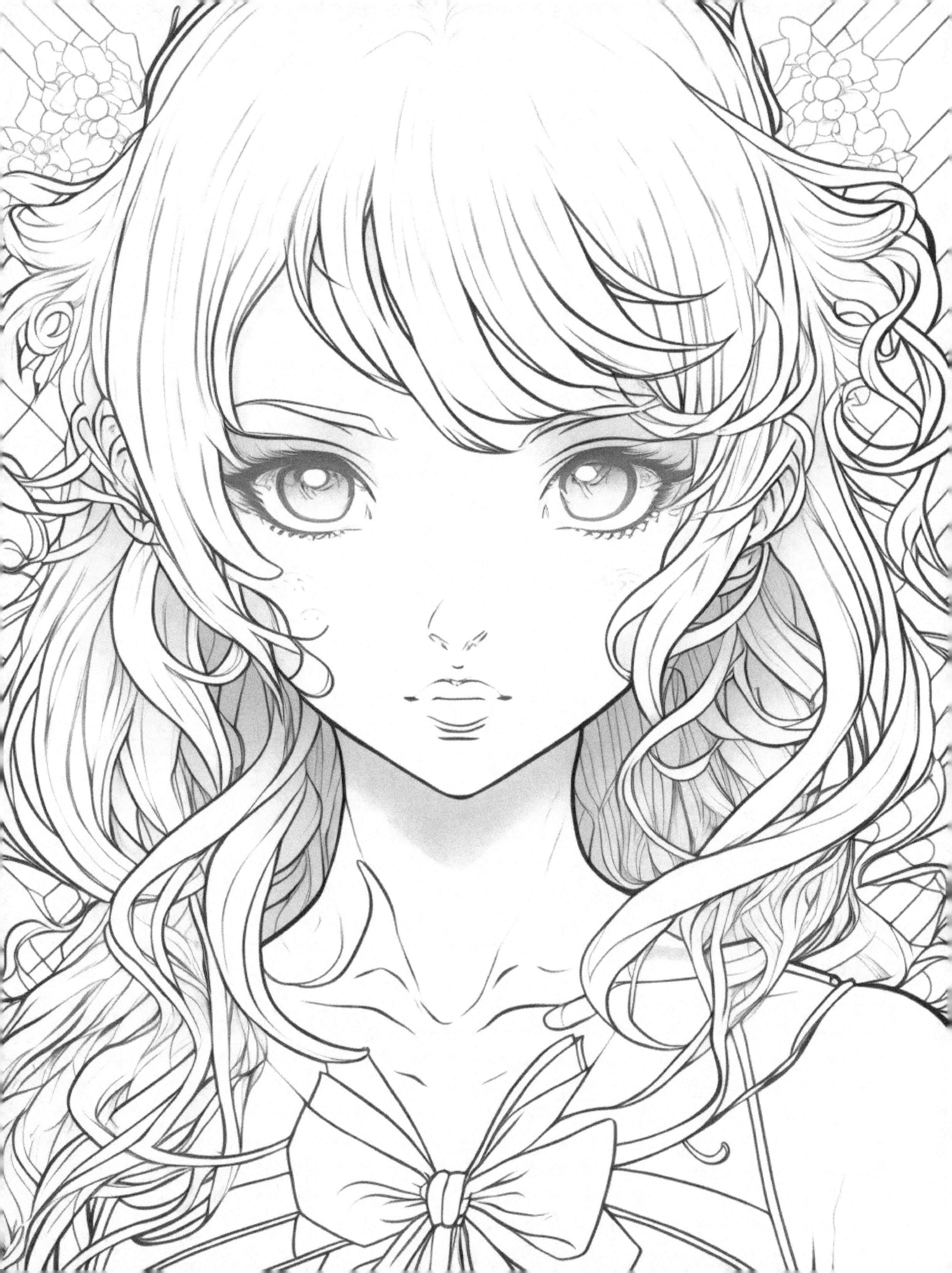

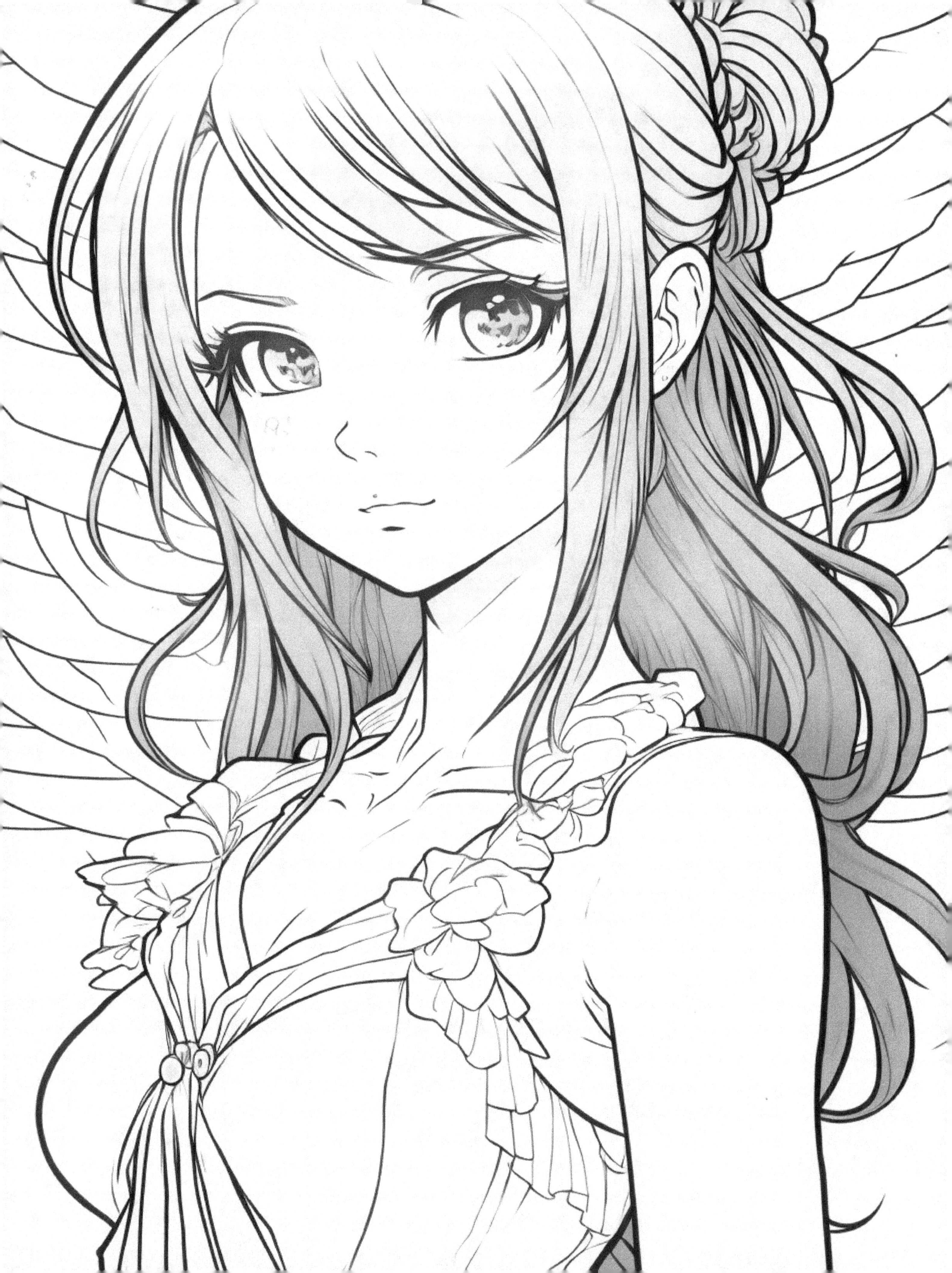

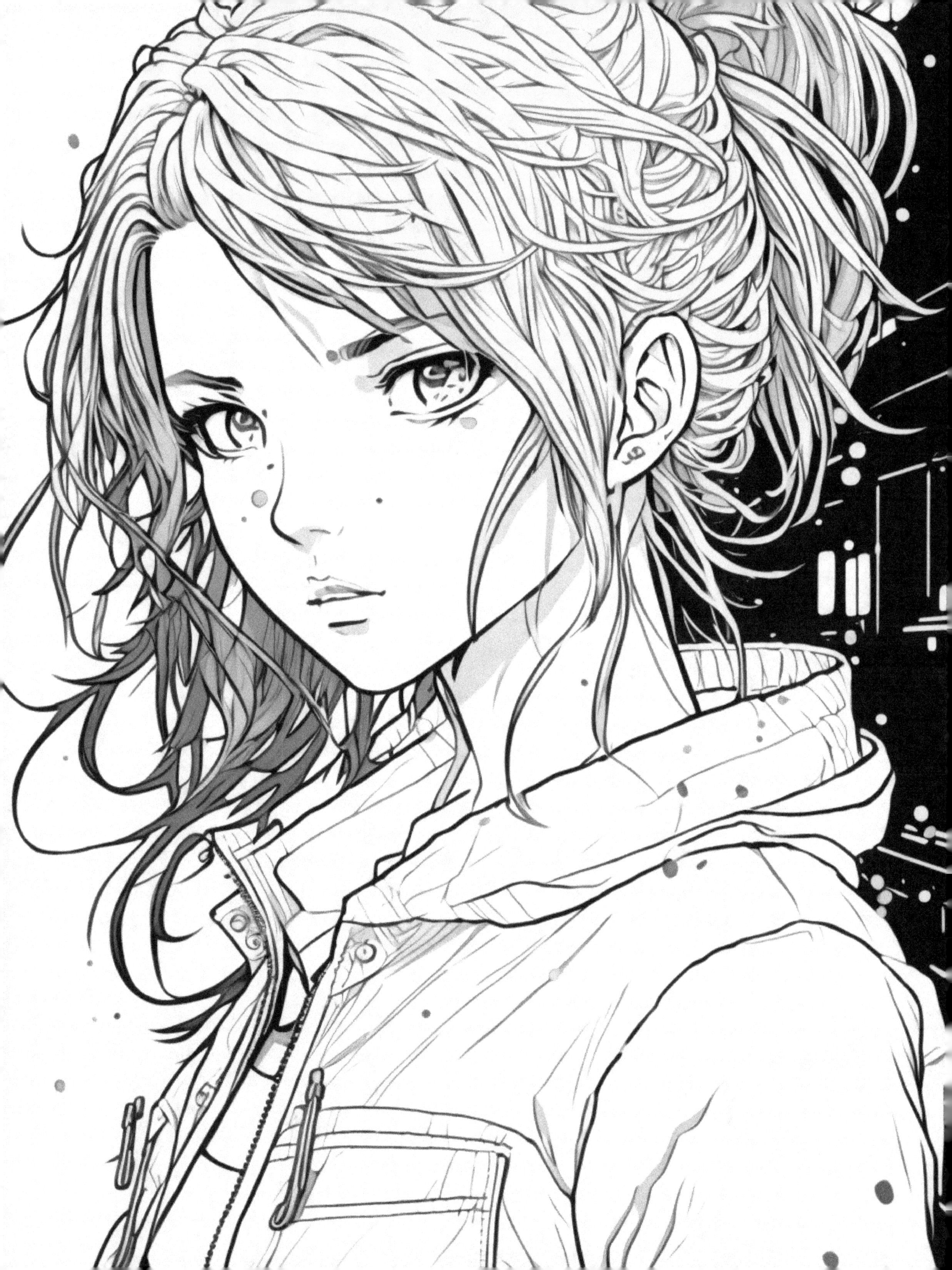

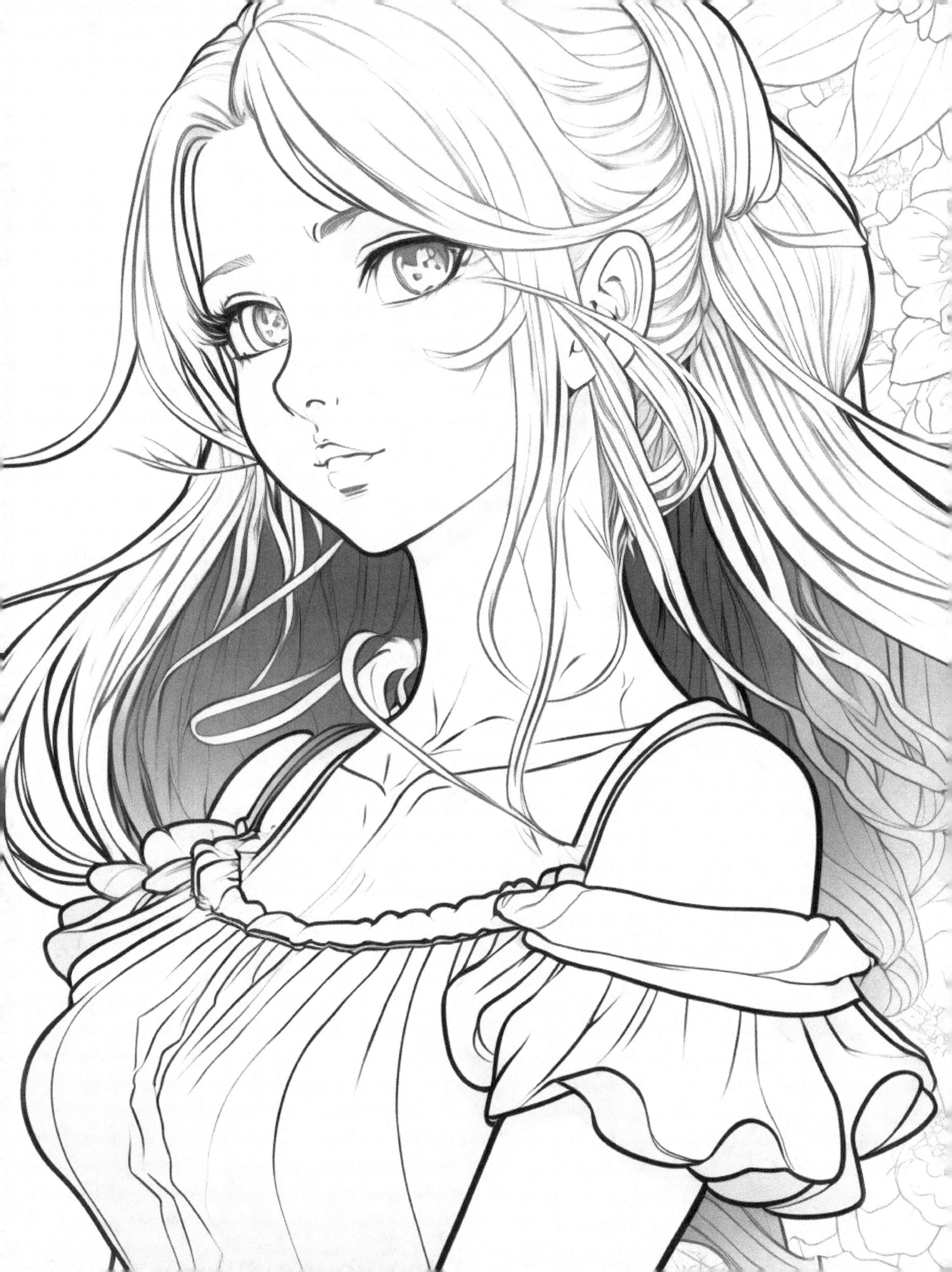

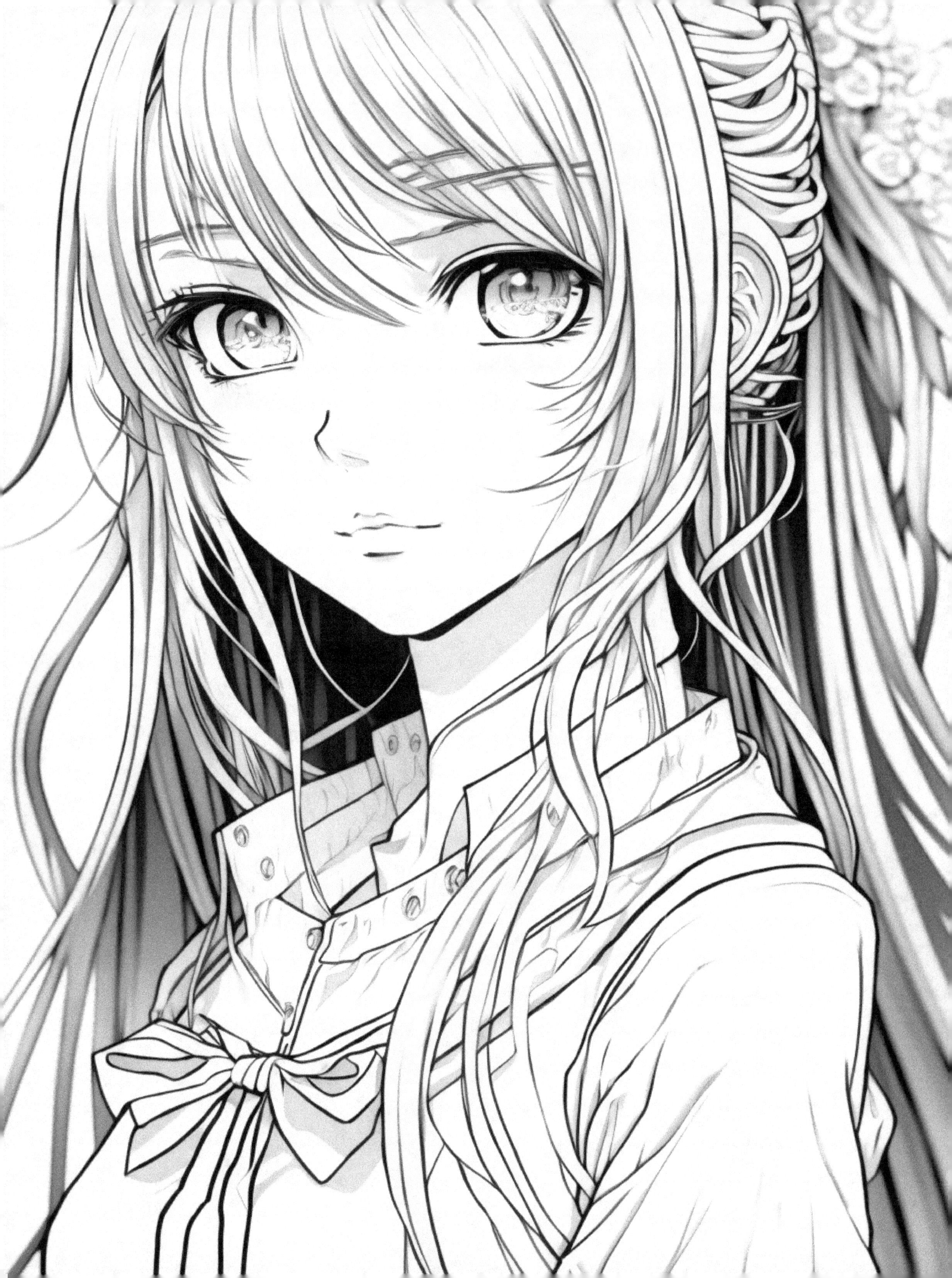

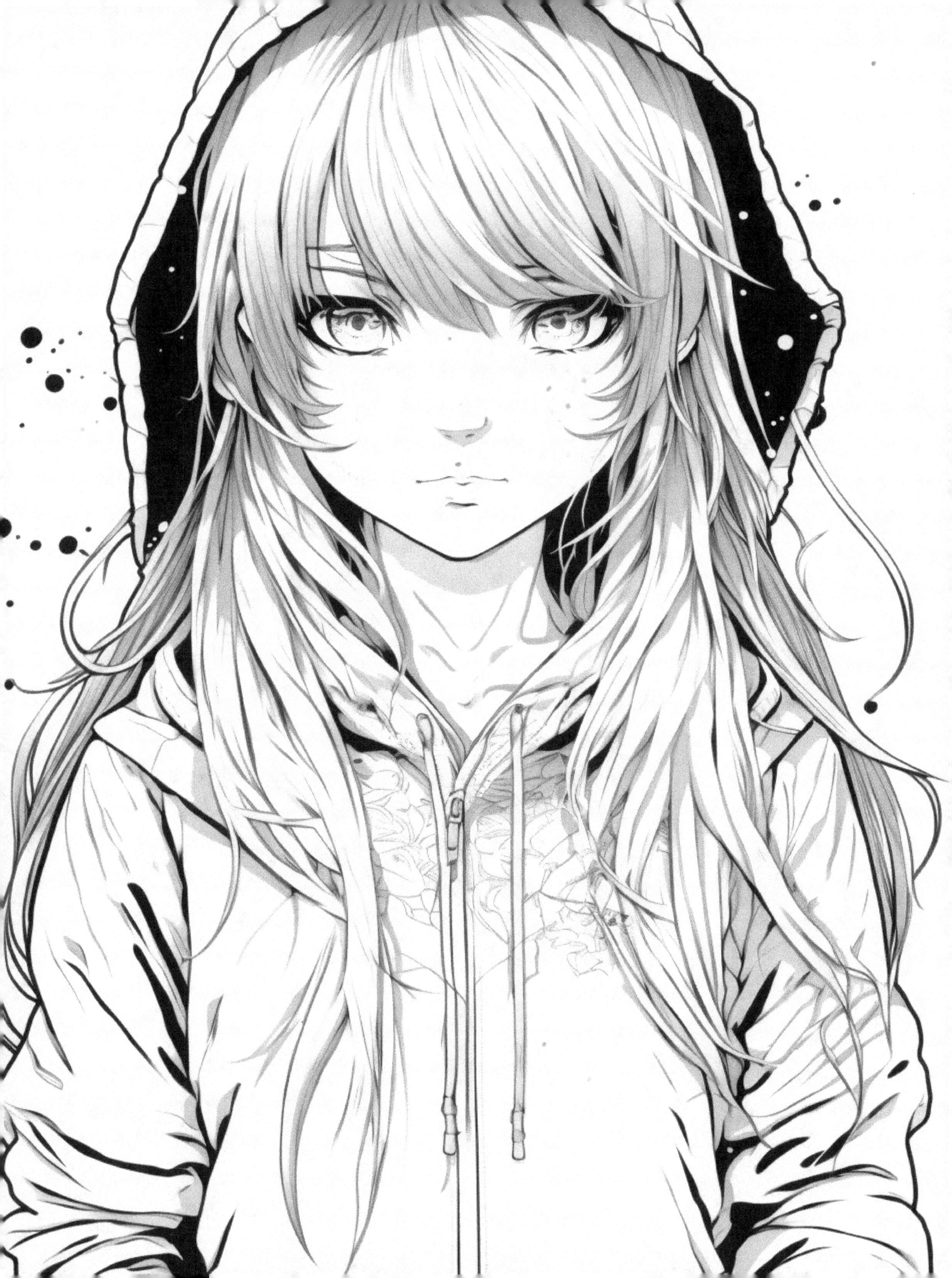

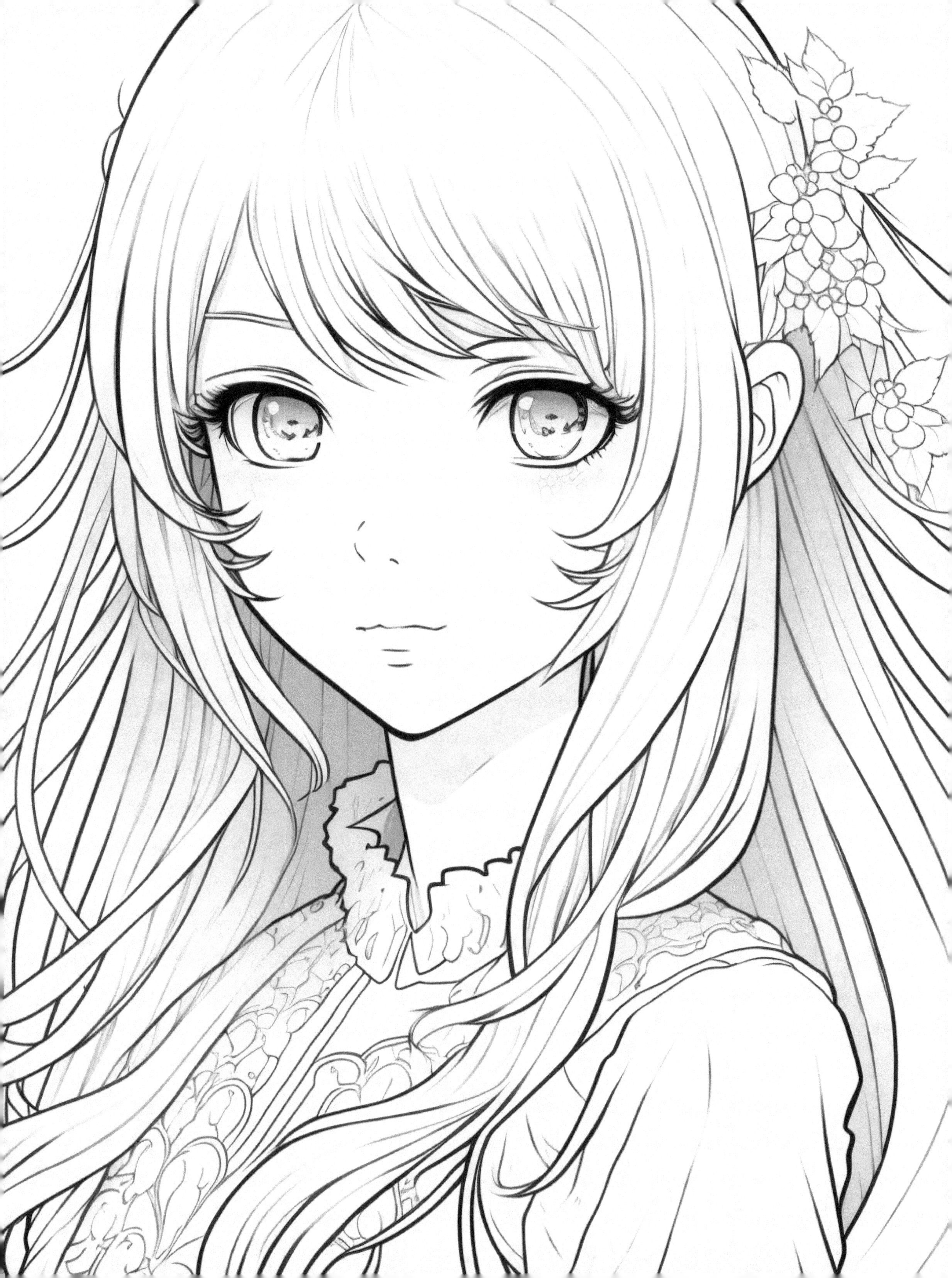

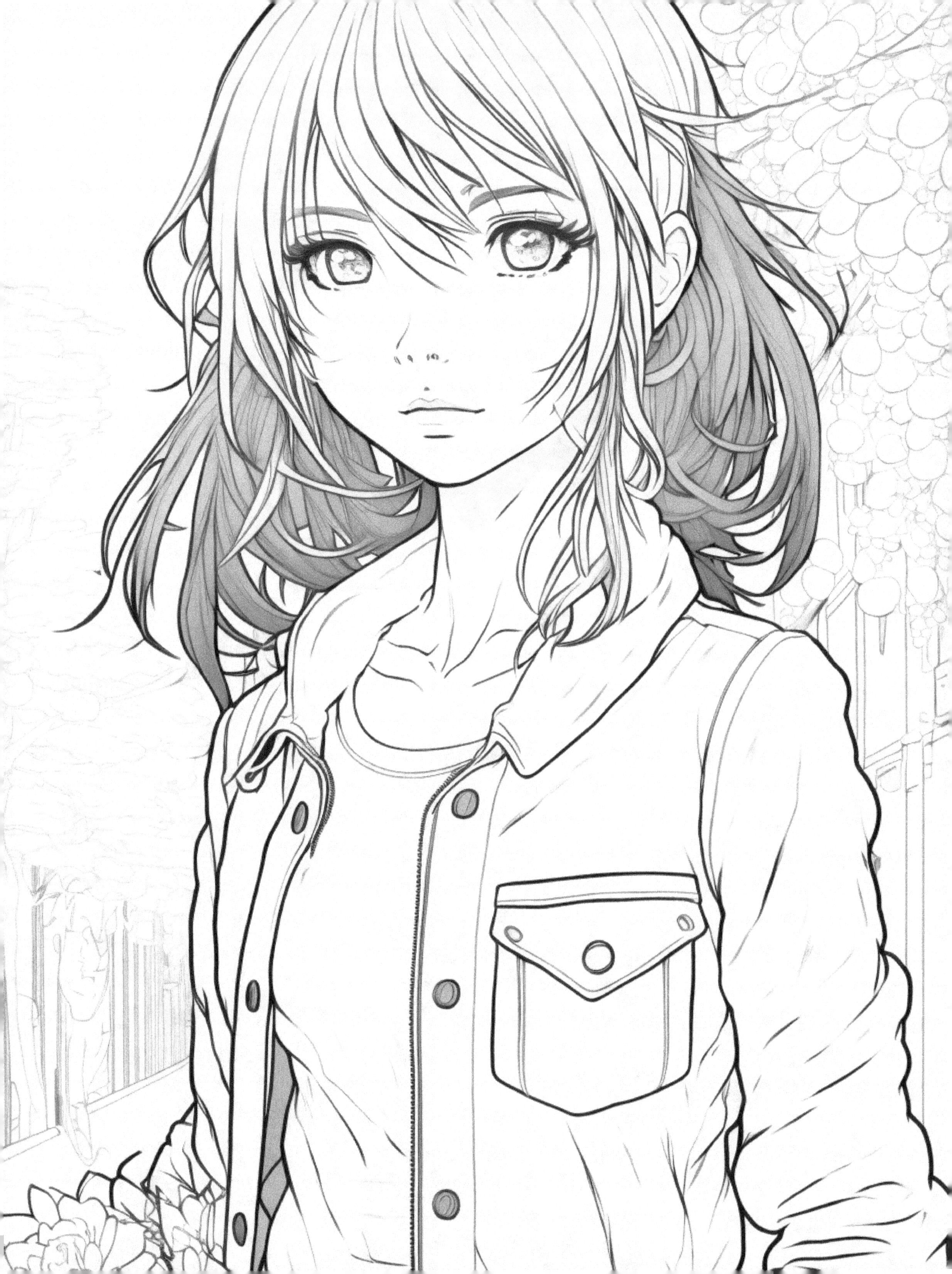

塗り絵 NUITS D'OSAKA

CAPI CAMP
ESTUDIOS

www.ingramcontent.com/pod-product-compliance
Lightning Source LLC
Chambersburg PA
CBHW081506220526
45467CB00027B/3152
* 9 7 9 8 3 9 0 0 3 9 5 0 2 *